JN224999

禅の要諦「空（くう）」とは

安田　真氏に

はじめに

これまで二〇一五年四月から十年間にわたって、禅についての筆者の考えをブログ〈中野禅塾〉でお話してきて、項目も四百を越えました。ここでそれらをまとめてみたいと思います。

筆者は六十歳のころ、大変厳しい状況に陥りました。何とか切り抜けたいと、もがくうちに禅にたどり着きました。じつは三十代にも禅に出会っていたのですが、最初に読んだ本の内容にどうしても納得がいかず、離れていたのです。つまり三十年後に再び禅に出会ったのですが、いろいろな禅の解説書を読んでもどうもすっきりとしません。心に響かないのです。そこで「これはどうしても自力で一から学ぶほかない」と決心しました。

実家は浄土真宗であり、子供のころから親鸞は身近に感じていました。三十歳代には数年間キリスト教会のミサに通ったこともあります。その後四十三歳で神道系の教団に入り、十七年にわたっていわゆる〈霊能開発〉修行も行いました。そこで体験した数々の神秘現象も、禅の研究に役立ったと思います。

そしてそれらを、

『禅を正しく、わかりやすく』（パレード、二〇一二）

『続・禅を正しく、わかりやすく』（同、二〇一三）

『禅を生活に生かす』（同、二〇一四）

として出版しました。そしてそれ以後、ブログ〈中野禅塾〉としてお話することにしたのです。ただ、ブログという方法にも限界があることがわかり、その間学んだものを基に、改めて本書としてまとめました。

目次

第1章　空思想の変遷

第1節 〈空〉という呼び方について

空はインドの古語であるサンスクリット語では、シューニャ（śūnya）、名詞形はシューニャター（Śūnyatā）で、後者は「空なること」を意味するため、しばしば空性と漢訳されます。シューニャ（śūnya）は「空（カラ）の」「うつろな」「欠いている」「ない」「寂しい」などや、数学のゼロを意味するとか（以上Wikipediaより）。しかし、本当の意味は〈**真実の**〉なのだと筆者は考えます。つまり、「カラ」とか「ウツロ」などの言葉は間違いなのです。おそらく中国唐・宋のすぐれた禅者たちは、血のにじむような修行の結果、そう気づいたのでしょう。

なぜ中国唐・宋の禅者たちが〈真実の姿〉を表わすのに、般若経典など古来の仏典にあった**空**を当てはめたのかは興味ある話題です。それは大きな誤りでした。もっと別の言葉を使うべきでした。そのことが後世の多くの人たちを誤解させてきました。仏教の歴史の中の誰かが犯人だったのです。残念なことに、近・現代の日本の仏教家はほとんどその考えを踏襲しています。筆者も初心者の時、それに惑わされ、いったん禅から離れたのです。腹立たしいことですが、後年「自分で一から学び直さなければ」と決心した反面教師となったのですから、存在価値もあるかもしれません。

以下に筆者が必要に迫られて懸命に学び直した経緯をお話します。

第2節　釈迦の〈空〉と禅の〈空〉とは異なる

重要な課題ですね。それを読み説くのに、最も釈迦の言葉の息吹きを伝えていると言われる初期仏典の『スッタニパータ』（中村元訳、岩波文庫）で〈空〉に言及している箇所を探してみました。

その(1)〈一一一九偈(げ)〉に、

名と形を通して、今、われわれが見るが如き可視的宇宙は顕現してきた。花には花という形があり、人には人という形がある。しかし、有名・有形なるものはすべて、**その可変性と有限性ゆえに、いずれは過ぎ去る虚妄なるものである**。さらに、名と形からなるこの現象世界（世間）は、遠くから眺めていると陽炎(かげろう)は存在するように見えるが、近づいてよく見るとどこにも存在しないように、われわれの散漫(さんまん)な心（散心＝妄心）には、**有りもしないのに有るかの如く見えている空なるものである**（非有似有）。それは私（自我）についても言える。ところが、私には私という形（実体）が有るという我執(がしゅう)（見解）に囚われ、われわれは独り生死の世界（世間）を廻っているのだ。そこで釈尊は、自らの教義を「常によく気をつけ、自我に固執する見解を打ち破って、**世間を空なりと観ぜよ**。そうすれば、死を乗り越えることができるであろう。

とあります。

パラマッタ・ジョーティカー（『仏のことば註』村上信完、及川真介訳、春秋社）による解説では、「⑴必ず事物が生起すると見ることにより空虚である。⑵行を見ることにより空虚であるとの二つのあり方を示す」とあります。つまり、⑴については、「**縁起**の法によれば、あらゆるものは縁があって初めて生起し、縁がなければ生起しないから本来は**ない**」という意味です。⑵についてはあらゆるものは**無常**の法則に従うから、「固定した実体は**ない**」という意味でしょう。

しかし、これはいわゆる禅の空思想ではありません。その理由は、釈迦はおよそ思想的なことは言っていないからです。証拠があります。

マールンクヤプトラという弟子が釈迦に対して、「世界は未来永劫に存在するのでしょうか」「世界には果てがあるのでしょうか」「如来は死後も存在するのでしょうか」などの疑問を投げかけました。そして、これらの問いに答えてくれないならば、自分は還俗しますといいました。

これに対して、釈迦は次のように答えました。

あなたの疑問に対する答えを求めるのであれば、あなたはその答えを得る前に命が尽きてしまうでしょう。たとえば、ある人が毒矢で射られたので、みんなが心配して急いで医者を呼んできて、医者がまず矢を抜こうとしたら、その男が叫んだ。「この矢はどういう人が射たのか、どんな氏名の人か、背の高い人か低い人か、町の人か村の人か、これらのことがわかるまではこの矢を抜いてはならない。私はまずそれを知りたい」というのならば、その男の命はなくなってしまうでしょう。あなたの問いはそれと同じなのです。もし世界は永遠に存在するとかしないとか答えることができる人がいたとしても、その人にも生老病死の苦しみがあり、さまざまな憂いや悩みがあるのです。あなたの問いは、人間の本当の苦しみや悩みとは関係のないことです。わたしは説くべきことのみを説きます。

（原始仏典の一つ〈中阿含経〉巻第六十〈箭喩経〉）（『大正蔵一切経一』、八〇四頁上〜八〇五頁下）（『国訳一切経六』、三八四頁〜三八九頁）。

有名な「毒矢（箭）の喩え」ですね。釈迦は「私はそのような**理論**については話さない」と言っているのです。「不記」です。ことほどさように、上記スッタニパータに書かれているのは理論ではなく、たんなる喩えなのです。これはとても重要なことです。

その⑵ダンマパダ（パーリ語経典・小部（註1））の**空**…第七章第九二偈

(i)財を蓄えることなく、食物についてその本性を知り、その人々の解脱の境地は空にして無相であるならば、彼らの行く路（足跡）は知り難い。空飛ぶ鳥の迹の知り難いように。（中村元『真理のことば・感興のことば』岩波書店二三頁）

(ii)同・第百七十偈

世の中は泡沫のごとしと見よ。世の中はかげろうのごとしと見よ。世の中をこのように観ずる人は、死王もかれを見ることがない。（同右）

やはり、具体的な哲学用語などではなく、生活の知恵ですね。

註1　スッタニパータは碩学中村元博士によって始めて紹介されました。ダンマパダは、日本では法句経として伝えられていましたが、ほとんど顧みられていませんでした。ダンマパダについても中村博士によって改めて現代語訳されました。これら初期仏典を紹介した中村博士の功績は大きいのです。

第3節　禅の空思想は龍樹の空思想とは異なる

よく「禅の空思想は龍樹の空思想に依拠している」と言われますが、それは誤りです。このことを理解するには、当時の時代背景を知る必要があります。

釈迦の死後百年ほど経つと、仏教は上座部と大衆部に根本分裂し、さらに上座部は多くの部派に分かれました。その中でも最大会派であった**説一切有部**は、この世界を成り立たせている一切の法（＝原理　ダルマ）が過去・現在・未来の三世にわたって実在すると考えます。そして原理に支配されたモノが現在の一瞬間にのみ存在し、消滅する。しかし、それぞれのダルマそのものは、未来から現在をへて過去に至って常に存在し続ける（三世実有・法体恒有、つまり自性がある）と言うのです。つまり、説一切有部の**有**は「法には自性が有る」の意味です。

このように、この頃までに釈迦仏教は分裂を重ね、釈迦の思想はどこかへ行ってしまったのです。説一切有部の考えは釈迦の思想から外れるものとして、他の部派から厳しく批判されました。ただ、説一切有部は勢力も大きかったですから、その思想を打ち破るのは大変だったのです。そんな状況の中で現われたのが龍樹でした。龍樹（ナーガールジュナ、ＡＤ一五〇―二五〇頃のインドの人）の思想は、この説一切有部の思想に対する反論として展開されました。

龍樹の空思想

龍樹は、釈迦の教えの中でも中心的だと思われていた**縁起の法**（註２）を援用して反論しました。すなわち、龍樹が言っているのは、「あらゆる法（概念）は、それと対立する法（概念）が有って初めて成り立つもので、それ自体では成り立ってはいない（**自性はない**）」です。たとえば〈光〉という概念は〈闇〉という概念があって初めて成り立つと言うのです。よくわかりますね。この差をしっかりと心に留めておいてください。くりかえしますと、龍樹は「あらゆる法（原理）には必ずそれに対立する原理があり、それ自体では成立しない」と言ったのです。これが龍樹の空思想です。ことほどさように、龍樹の空思想は禅の空思想とはまったく異なるのです。
しかし、龍樹のこの考えは多くの支持を得て、やがて大乗仏教が発展するきっかけになりました。大乗仏教はインドだけでなく、チベット、西域、中国、朝鮮、そして現在の日本へと続いている大きな思想体系ですから、龍樹が仏教の中興の人と言われるわけがおわかりいただけるでしょう。

註2　じつは〈縁起の法〉自体も、釈迦の思想が拡大解釈されたものだと筆者は考えています。すなわち、釈迦は「あらゆる苦しみには原因がある。それを突き止めれば苦しみは無くなる」という、生活の智慧を言ったのです。しかし、釈迦の思想がその後千年以上にわたってインドの哲学者たちによって拡大され（増広）、整理され続けて来ました。そこがキリスト教やイスラム教などとは大きく異なる特徴です。前にもお話したように、ブッダがおっしゃったのは「あらゆる苦しみや悲しみは原因（縁）があって起こる。それを見極めることが苦しみや悲しみから逃れる道である」という、いわば生活の智慧であり、〈縁起の法則〉などという、大上段に振りかぶったものではないのです。それを思想にしてしまったのが、後のインドの哲学者たちであり、後世に混乱を起こしているのだと筆者は考えています。

第4節　道元の空思想

〈正法眼蔵・現成公案〉の意味について

〈現成公案編〉は〈正法眼蔵〉の核心というべき部分です。まず、道元の言う〈現成公案〉とは、「すべてのものは、各々あるべきようにある（公案している）。しかも、ものは初めからそこにあるのではなく、人間が観て初めてモノゴトとして現われる（現成する）」という意味です。「観て初めて現れる」とは聴きなれない言葉でしょう。私達のこれまでの常識、つまり、唯物論的考えによれば、私達が見ようと見まいと、モノは初めからそこにあります。しかし、道元の空思想はそれとは違うのです。このように、道元の解釈は、龍樹の空思想とは明らかに別です。つまり、龍樹の空思想は、禅の基本経典とされる般若心経の色即是空・空即是色とはつながっていないのです。これらのことをよく覚えておいてください。

第5節　現代仏教家の〈空〉の解釈

(i) 澤木興道師の解釈(1)

澤木興道師（一八八〇―一九六五）は、昭和を代表する曹洞宗の名僧と言われ、内山興正師、松原泰道師、西嶋和夫師などの錚々たるお弟子さんがあります。筆者は現代の禅学の流れには強い疑問を感じていますが、その源流は澤木師にあるのではないかと思っています。澤木師は元駒澤大学教授。兵庫県新温泉町安泰寺の堂頭もされていました。「(人間は心のあり方を正しくすれば) **宇宙イッパイ**（になる）」を口癖にし、そのためには、あらゆる世俗的な価値を〈放下〉することを説いています。そして全国を回って本来の仏の心に戻れと説き続けた人です。ハンセン病患者に対する講演もあり、胸を打ちます。しかし、以下の理由から、師が釈尊や道元の思想を正しく理解していたとは思えません。

たとえば師の著書『正法眼蔵講話　渓声山色』（大法輪閣）で、道元の『正法眼蔵・

渓声山色巻』の一節、

恁麼（註3）時の而今は、我も不知なり、誰も不職なり。

を、

眼が開けさえすれば、別に何もことさらに知ることは要らない。それは別に勉強して、書物で調べるということでもなければ、聞いて知ったんでもない。つまり現なまの全体をいずれにも曲げられないで見ることである。

さらに、

山色の清浄身にあらざらん、いかでか恁麼ならん。

を、

山色が清浄身であり、渓声が広長舌であるから、桃の花を見てかくのごとく道を明らめ得られるのである。（後述する霊雲志勤禅師が桃の花を見て悟ったエピソード・筆者註）恁麼というのはかような道理と言うことであって……

と解説しています。しかし、澤木師は〈恁麼〉の意味をわかっていないと思います。

道元のこの文章は、その思想の根本に関わるところです。

註3　恁麼（いんも）：〈ブリタニカ国際大百科事典小項目辞典〉には、

禅宗用語。「どうして」「どのように」「この（あの）ような」の意味をもつ。（中国の）俗語であったが、宋代の禅籍に使われはじめた。「恁麼時」は「その時」、「恁麼人」は「その人」を意味する。

とあります。しかし、じつは、もっと重要な意味があるのです。禅の世界では独特の意味に使われるようになりました。

筆者のコメント

〈正法眼蔵・渓声山色巻〉の一節、

恁麼時の而今（いんもじのにこん）は、我も不知なり、誰も不職なり。

の**恁麼時の而今**とは、**空（くう）**の説明なのです。澤木師はこの道元禅の根本思想である〈恁麼時の而今〉の意味がわかっていないと思います。筆者の解釈では「空思想、すなわち『体験』は一瞬であり、その瞬間には見た（聞いた、嗅いだ、触った……）モノの正体はわからない」のです。つまり、恁麼（なにかあるもの）なのです。

澤木興道師の解釈(2)

澤木師は『正法眼蔵・渓声山色』で解説した道元の言葉、「しるべし、山色渓声にあらざれば、拈華も開演せず」を、

　山色渓声の道理は**全宇宙イッパイ**ということで……（中略）……宇宙イッパイが仏である……（中略）……しかし、その門口のところに、もしゃもしゃしている我痴、我見、我慢、我愛のこの煙幕を取れば渓声山色そのまま法性真如であり正法がそのまま実相である……（中略）……この道理がなければ「拈華も開演せず（註4）」というのは、お釈迦様が霊鷲山で八万の大衆の前で華を拈じて瞬目して見せられた。ところが皆の者が何もわからずにいるうちに、ただ迦葉尊者のみが破顔微笑—にっこりと笑った。そこでお釈迦様は「われに正法眼蔵涅槃妙心あり、摩訶迦葉に付嘱す」といわれたという。この一段のことを拈華微笑という

のである……

註4　拈華微笑（拈笑華微とも）インドの霊鷲山上で釈尊が黙って華を拈じ（取り上げ）たところ、大衆はその意味を理解することができなかった。しかし、迦葉尊者だけがそれを理解して破顔微笑したため、迦葉に禅の法門を伝えたという伝説で、よく知られた禅語です。多くの解説者がその意味を〈以心伝心〉と解釈していますが誤りです。だれかが禅宗を箔付けするために創作したものとされていますが、じつはよく禅の本質を突いているのです。下記の、筆者の解釈である〈**空とは体験である**〉ことを示す好例です。

澤木師はこの〈拈華微笑〉のエピソードを紹介しただけで、その意味を解説していません。さらに重要なことは、道元が〈渓声山色〉と〈拈華微笑〉を併記していることです。道元が両者を結び付けていることは、とりもなおさず、**渓声山色も空を示している**のです。

澤木師はさらに〈正法眼蔵・渓声山色巻〉の一節、

「人里を望見。ときに春なり。桃華のさかりなるを見て忽然として悟道す」

（霊雲志勤禅師が桃の花を見て悟ったエピソード：筆者）

について、

桃の花を見て悟ったり……（中略）……なにも仏さんは仏壇の中にあると限ったものではなく、一切のものはこれ仏である。何も無くなったものが悟りである。仏というものの本当の普遍的な象徴は、無限ということをいうのである。時間にも、空間にも無限、つまり宇宙イッパイということをいうんじゃやから、生まれても生まれない、死んでも死なんというのが仏なんじゃ。世の中が変わっても変わらなくても、仏はいつも仏であることに変わりはない。そうすると渓声山色というのが芸術的に最も的確に象徴したものだ。渓声山色というと、これは仏であり、仏の悟りであり、それが正法眼蔵である。

と言っています。澤木師が、

桃の花を見て悟ったり……（中略）……一切のものはこれ仏である。

と言っているのは、「桃の花も仏である。だからそれを見て悟ったのだ」と言いたかったのでしょう。しかし、そうではありません。「桃の花を見て悟った」のは、〈霊雲桃華〉という、〈香厳撃竹〉と並んで有名な公案です。それほど重要な公案が「桃の花も仏である」などというありきたりの意味であるはずがありません。これらも「空とは体験である」ことを示すのです。

澤木師はさらに、

「仏というものの本当の普遍的な象徴は、無限ということをいうのである。時間にも、空間にも無限、つまり宇宙イッパイということをいうんじゃやから、生まれても生まれない、死んでも死なんというのが仏なんじゃ。世の中が変わっても変わらなくても、仏はいつも仏であることに変わりはない」と言っています。

一体、どういう意味でしょう。道元の思想は、澤木師が言うような「仏が無限、時間も空間も無限」などという考えとはおよそ別のものだと思います。

澤木興道師の解釈(3)

澤木師はさらに道元の〈正法眼蔵・渓声山色巻〉にある「色にあらず、また空にあらず、楽しみもなく、また愁いもなし」の詩を、色といえば有形なる物質ですよ。空といえば何もないことですよ。楽しみがあって、楽しみがなくなるのが愁いですよ。だから、楽しみがあれば、それがなくなるのが愁えだから、それもやがて……（中略）……愁えのくる元が楽しみですよ。

と言っています。〈空〉は大乗仏教、ことに禅の中心思想です。それなのに「空といえば何もないことですよ」とは！　「ある」とか「ない」の問題ではないのです。前述のように、〈空〉は、日本語ではどうしても〈からっぽ〉とか、〈空虚〉のように受け取ってしまうため、「なにもない」と解釈してしまうのでしょう。〈空〉と〈無〉をどう区別するかを、わが国の僧侶達は古くから頭を悩ませてきました。いや、悩ませてきたのならまだいいのですが、悩みもせずに言葉そのままに伝えてきたのでしょう。もとはインドの言葉であったのが漢訳、そして日本語へと翻訳されてきた過程で、誤訳されてしまったのだと思います。なにか**空**に変わる適切な言葉はないものか……（傍線筆者）。

澤木師はまた、

涅槃経の中には「悉有仏性（しつゆうぶっしょう）」という。だれでも仏さんとちょっとも違わず。法華経というものの中には「諸法実相」と。実相ということは般若ということで、般若の知恵ということで、一切のものがなんの差別もない、みんな平等なんじゃ。学問があろうがなかろうか、金があろうがなかろうが、器量が好かろうが悪かろうが、皆ことごとく諸法実相じゃ……（中略）……この実相でないものは、世界に何にもない。これがすなわち仏法というものですよ。誰でもみんな仏さんとちっとも違わない。自分のすることが皆これ仏様の行である。この仏様の行はだれでも出来る。それは、合掌すれば仏様と一枚になる。

少し引用が長くなりましたが、澤木師がいろいろな場所で、繰り返し説いた思想の骨子であると思われるので、紹介しました。〈悉有仏性〉を澤木師が文字そのままに「すべての人には仏性がある。本来は仏である」と理解しているのは明らかです。〈悉有仏性〉とはそんな意味ではないのです。道元の言う〈悉有仏性〉とは、〈悉有は仏性〉ということで、「（人が体験するすべてのモノゴトが真の実在だ）」という意味です。さらに〈諸法実相〉についても澤木師はまちがって解釈しています。〈諸法実相〉とは、「正しい観かたで観たこの世のすべてのモノゴトこそ、真実だ」という意味なのです。

澤木師の教えのエッセンスは要するに、

我欲を捨てなさい。地位や財産、美醜などのこの世の価値は仏道とは何の関係もない。それらから離れれば仏と、全宇宙と一体になれるのだ。「宇宙いっぱい」（仏の世界に通じるスイッチを入れる）でしょう。

前述のように、澤木興道師は昭和を代表する禅僧と言われ、自分の寺を持たず、清貧を旨とし、ひたすら仏教の教えを説いて回った人生だったと言います（最終的には、兵庫県安泰寺の住職になりました）。経典に関する該博な知識にもとづくわかりやすい説教だったとも言われています。しかし残念ながら、以上述べたように、澤木師は禅の本質をわかっていたとは思えません。

仏教、ことに禅は「わかったか、わからないか」だけの世界です。どんなに多数の本を出しても、どんなにたくさんの講演をしても、わかった人のものでなければ意味がないのです。そもそも「……じゃ」とか「こっちゃ」「わからんやつはだまっとれ（直弟子、内山興正師の直接体験）」などと言ってはいけないのです。それらは澤木師が知らず知らずに「自分は高いところにいる。皆に教え、迷いから救う」と思っていることの表れでしょう。それにしても、ハンセン病療養所での講演での「皆さんはハンセン病になってよかった。禅の三祖僧璨（そうさん）も同病だった」との発言によく現われています。「言うも言ったり」ですね。

澤木師は多くの人々の信頼を受け、講演依頼は引きもきらなかったと言います。しかし、たとえ流れるように弁舌さわやかでも、麻薬宗教を一歩も出ていない……。それが禅の厳しさなのです。

言うまでもありませんが、修行は一生であり、最後まで謙虚さを失わず、常に学ぼうとする気持ちを捨ててはいけないのです。道元禅師は最後まで、弟子達に対する礼儀を忘れていません。〈永平広録〉の各小段の最後が必ず「世もだいぶ更けた、長い間立たせたままで失礼した。それでは諸君、身体を大切に（夜深衆慈、久立衆慈、伏惟珍重）」で終わっているのは、決して単なる社交辞令ではなかったはずです。

(ii) 松原泰道師の解釈

筆者が最初に禅について学んだのは、松原泰道師（一九〇七―二〇〇九）の『般若心経入門』（祥伝社カッパブックス）でした。そこには**空**について、「あらゆるモノは常に変化し一瞬たりとも同じものではない。そしてすべてのものは関わりあっている。だから実体はない。（それゆえ）苦しみや不安などの実体はない）」とありました。松原師は、澤木興道師の高弟でした。松原師は生涯百一冊もの仏教書を書いた人です。しかし、筆者はこの「モノには実体はない」に強い疑問を感じ、それ以来三十年も禅から離れました。筆者にとってまことに罪深い人です。その澤木師も〈色〉と〈空〉を、

……色といえば有形なる物質ですよ。**空**といえば何もないことですよ（講演から：筆者）

と説明しています。筆者には意味がよくわかりません。

〈空〉は大乗仏教の基本理念の一つです。他の基本理念には、〈無常〉や〈無我〉〈縁起〉があるとされ、それらが釈尊の説かれた根本思想だと言われています。しかし実際

にはよくわからないのです。つまり、松原師は〈無常〉と〈縁起〉の両概念を援用して空を解釈しています。しかし、前に述べたように龍樹は「法（ダルマ）はそれ自身では成立しない」ことを〈縁起〉の概念を使って説明したのです。〈無常〉とは関係ないのです。第一、この松原師の解釈で〈空〉の思想が理解できる人がいるとは思えません。いかがでしょうか。

(iii) ひろさちやさん（東京大学文学部梵文学科卒）の解釈

ひろさちやさん（一九三六―二〇二二）は、

……**空**とはうつろ、ふくれたもので中がない状態をいう。そこからこの世の一切のものには固定的、実体的な我や自性などはない。この世の一切の現象は、因（直接の原因）と縁（間接）の原因が和合して消滅をくり返す。したがってどんなものにも固定的な実体がないというのが、**空**のとらえかたである。

と解釈しています（『般若心経―生き方を学ぶ』中央公論新社）。「すべてのものは移り変わるから実体がない」との考えは、やはり松原師のように〈無常〉と〈縁起〉の法則に引っ掛けて解釈しようとしたのでしょう。禅の解説書には、このように、経典のあっちこっちから言葉を引っ張って結び合わせたものが多いのです。いくらたくさんの本を読もうと、さまざまな高僧の講演を聞こうと、何十年その世界に居ようとも、わからなければどうしようもない、それが禅の世界なのです。

(iv) 西嶋和夫師の解釈

西嶋和夫師（一九一九―二〇一四）は、

正法眼蔵・仏説摩訶般若波羅蜜編の色即是空・空即是色部分の訳は、「物質世界は現象であって有でもなければ無でもない」という思想が、「有でもなく無でもないものこそ物質世界そのものである」という思想になり、「物質世界は物質世界以外の何者でもない」という思想になり、「有でも無でもない（絶対無）は有でも無でもないもの（絶対無）以外の何物でもない」という思想ともなる。

と言っています。さらに脚注で、

「色即是空」について、色は感覚によってとらえられる物質世界。空は有でもなく無でもない絶対の無。「是」は主語と客語が同一であることを示す述語。英語のｉｓに当たる。したがって色即是空とは物質世界は現象であって、有でもなければ無でもない、の意、いわば唯心的な主張。空即是色とは色即是空の主語と客語を反対にして、有でもなく無でもない、空とは物質世界以外にこれを求めないという主張。いわば唯物論的立場からの主張。（『般若心経・参同契・宝鏡三昧提唱』伊藤書房）

と述べています。いかがでしょうか。そもそも「絶対無」とは一体なんでしょう。〈無〉とどう違うのか。その正確な定義が必要だと思います。それがなくては西嶋師の主張のすべてが成り立ちません。それが〈論理〉というものだと思います。

第6節　筆者の〈空〉の解釈

私たちはふだん「モノがあって私が見る」という見かたをしています（認識には、聞く、味わう、嗅ぐ、さわるなどもあるのですが、ここではすべて〈見る〉で代表します）。それを禅では**色の見かた**と言います。しかし、モノゴトにはもう一つのみかたがあるのです。それが**空の観かた**です。（見かたと観かたと区別しているのでご注意ください）。**空の観かた**によれば、「**私がモノを見るという体験**こそが真の実在だ」と言うのです。

「だってモノはあるじゃないか」「**私がモノを見るという体験**こそが真の実在だって?」とおっしゃる前に、まあ聞いて下さい。禅は〈モノの有る無し〉を言っているのではないのです。〈モノゴトの見かた〉つまり認識の問題なのです。その前提のもとにお話しします。「心ここにあらざれば、見れども見えず、聞けども聞こえず」とよく言いますね。目の前にあっても、認識しなければ「無い」のです。

もう一つ大切なことがあります。「見ている人は誰か」ということです。〇川〇夫という〈私〉なのでしょうか、それとも筆者の言う**本当の我**（身体とは別にある我の本体）でしょうか。じつは、いま〇川〇夫という〈私〉が見ているものは、〈私〉の眼のレンズを通して網膜で感じ、脳で画像処理したイメージです。それは単に、その人の経験で判断した、その人独自のものであり、他人とは違います。つまり、〈私が見ているモノ〉には、個人差がある、相対的な〈モノの姿〉です。

じつは正しくモノを観ているのは**本当の我**なのです（私の造語ですが、便利な言葉なのでご寛容下さい）。**本当の我**は神（宇宙意識）につながっています。ですから**本当の我**が観ているモノこそ、神が観ているモノの真の姿だと、筆者は考えているのです。この問題は、禅を考える上でとても重要です。その詳しい意味は後ほどお話しします。

テレビや映画を考えてください。画面には、人間が動き、話し、車や電車が走っています。いかにもリアルですね。見ている人たちは、映っている人間が生きいきと語り、車や電車が走っていると思っています。しかし、ちょっと考えれば、それらは現実のものではなく、単なる映像であることはすぐ分かります。それと同じです。私たちは、何かを見たり聞いたりしたものを実物だと思っていますが、それは網膜に映り、鼓膜を振動させたものを脳で処理したイメージに過ぎないのです。同じものを見たり聞いたりしても、人によってイメージはさまざまであることはよく経験します。つまり、私たちが見たり聞いたりしているモノは真の姿ではではないのです。

第7節　禅の〈空〉とドイツ観念論哲学

禅の〈空〉思想と、E・カントの哲学には類似点があります。ドイツのE・カント（一七二四―一八〇四）やG・W・F・ヘーゲル（一七七〇―一八三一）、J・G・フィヒテ（一七六二―一八一四）なども、深い思索の結果、「真の実在とは**経験**である」との結論に達したのです。「でもモノというのは現実にあるじゃないか」という反論に対し、カントは「それは、**たんなる経験的な実在**に過ぎない」と言いました。ドイツ観念論哲学の系譜です。

西田幾多郎（一八七〇―一九四五）は旧制高校生時代、つまりカントとは独立に、「モノを見るという体験（純粋経験）だけが真実だ」と考えました（『善の研究』岩波文庫）。私たちはふだん、「私がモノを見る」と言いますが、じつはほとんど正確には見ていません。目の錯覚、耳の錯覚……はいくらでもあります。太陽や月は地平線近くでは大きく見えることは誰でも知っています。かつて筆者も興味を持ってこの現象を追求したことがあります。確かに地平線の近くにある時は、天空にある時に比べて何倍も大きく見えますが、太陽の黒点や、月の噴火口は決して見えません。望遠鏡であの大きさの太陽や月を見えれば必ず黒点や噴火口が見えるのですが……。つまり私たちの〈見た内容〉はきわめてあいまいなのです。しかし、ただ一点、〈見たという体験〉だけはまぎれもない事実です。「真の実在とは何か」を追求した結果、カントや西田はそういう結論に達したのです。ことほどさように、洋の東西や、時代を問わず同じ「モノゴトの観かた」を発見したのでしょう。ただ、後述するように、カントなどは、モノはまぎれもなく実在しているのに、それについては言及していません。ここが大きな問題点だと思います。これに対して禅では、モノ（**色**(しき)）も確かに実在して、「**色**と**空**は一如である」と言っています。**色即是空・空即是色**とはこのことです。

　禅が発達したのはカントの時代より千年も前の唐時代（六一八―九七〇）です。東洋思想がいかに先駆的だったか、おわかりいただけるでしょう。しかも、カントの時代の後、ヨーロッパで産業革命が起こり、〈モノ〉を重視する思想が席巻するようになりました。カントらの思想が忘れられて行ったのです。それにより激しい競争社会になり、多くの人々を苦しめるようになりました。そこで今、「従来の思想を見直そう」という考えが沸き起こってきました。日本の兵庫県安泰寺に三千人ものイギリスやドイツ、アメリカなどの若者が訪れたのは、やむに止まれぬ思いからでしょう。

第2章　般若心経

第1節　般若心経の成立史

禅の〈空思想〉で有名なのが〈般若心経〉ですね。

摩訶般若波羅蜜多心経

観自在菩薩　行深般若波羅蜜多時　照見五蘊皆空
度一切苦厄　舎利子　色不異空　空不異色　色即是空
空即是色　受想行識亦復如是　舎利子　是諸法空相
不生不滅　不垢不浄　不増不減　是故空中無色
無受想行識　無眼耳鼻舌身意　無色声香味触法
無眼界　乃至無意識界　無無明亦　無無明尽
乃至無老死　亦無老死尽　無苦集滅道　無智亦無得

以無所得故　菩提薩多　依般若波羅蜜多故
心無罣礙　無罣礙故　無有恐怖　遠離一切顛倒夢想
究竟涅槃　三世諸仏　依般若波羅蜜多故
得阿耨多羅三藐三菩提　故知般若波羅蜜多
是大神呪　是大明呪　是無上呪　是無等等呪
能除一切苦　真実不虚　故説般若波羅蜜多呪
即説呪日
羯諦　羯諦　波羅羯諦　波羅僧羯諦　菩提薩婆訶　般若心経

以前、ヤフー知恵袋で「般若心経の作者はだれでしょうか」という質問に対し、ベストアンサーが「もちろんブッダです」とあるのを読んで驚きました。間違いです。日本仏教が混迷に陥っている原因の一つは、仏教を歴史的に見る視点がないからだと思います。ちなみにもう一つの重要な視点は、仏教をキリスト教やヒンズー教等の他の宗教との比較において見ないことです。さらに言えば、ドイツ観念論哲学などの他の哲学との比較も大切です。さらにさらに言えば、神秘哲学やスピリチュアリズムを参照することも重要です。

大乗非仏説　富永仲基

そこでまず、仏教の歴史を見てみます。仏教学史上大きな功績があったのは、江戸時代の学者富永仲基（一七一五―一七四六）で、「大乗仏教の経典は釈迦の言葉ではない」との発見です。〈大乗非仏説〉ですね。富永は大阪商人たちがお金を出し合って作った学問塾〈懐徳堂〉出身の俊才で、著書に『出定後語』や『翁の文』（『日本の名著18富永仲基・石田梅岩』中央公論社）があります。富永の論理の基本は〈加上説〉と言い、「仏教経典類は、古い経典に新しいものが加わって成立した」という意味です。富永がこの発見をしたのは十六歳のころと言いますから、その天才ぶりが窺われますね（註5）。惜しいことにわずか三十五歳で亡くなりました。しかし、その功績の大きさは、三百年後の現代に至っても、釈迦の思想と大乗仏教経典とを混同している人がどれほど多いかからもわかります。前記のヤフー知恵袋のベストアンサーがその一例です。

註5　弟の定堅も懐徳堂出身ですが、彼の言葉に「仲（基）兄・謙斎、資質清潔にして言少く夷斉（伯夷と叔斉。中国の伝説的な聖人：筆者）に似たる気象あり。第一至孝の人にてその行思わば未だ涙のたまるる事ども多し。仲兄の事は人未だ知るに及ばざるゆえ、ここに記しおくなり。阿私（おもねって）して称誉するにあらず……賢者の気象あり……ただ性の急なるは病身短命のゆえなり」（『日本随筆大成』第十九巻〈東華随筆〉吉川弘文館）

〈般若心経〉は大乗経典の一つ〈大般若経〉六百巻のエッセンスという説があります。はたしてそうでしょうか。〈般若心経〉を訳したのは鳩摩羅什（くまらじゅう）（ＡＤ三四四？―四一三？）と玄奘三蔵（ＡＤ六〇二―六六四）です。禅の初祖と言われる達磨大師が実在したかどうかについては疑いも持たれていますが、一応五世紀後半から六世紀前半の人と考えられています（達磨大師が中国へ来たのはＡＤ五二〇年？）。達磨大師はインドの人ですから、もちろん〈般若心経〉はサンスクリット原典で読んでいたはずです。それはともかく、達磨大師が中国へ来たことで、中国**仏教の革新**が起こったのでしょう。それが中国の禅仏教だと思います。前記のように鳩摩羅什が〈般若心経〉を漢訳したのは

ＡＤ四〇三年ですから、達磨大師が中国へ来たころには、すでに中国でも〈般若心経〉は、かなり広まっていたでしょう。にもかかわらず、達磨大師がわざわざインドから中国へ来て禅を伝えたのは、初期の中国禅家たちには〈般若心経〉の真意がよく理解できなかったためではないかと思います。あるいはインドの仏教界にあきたらなくなって、新天地を求めて中国へ来たのかもしれません。いずれにしましても、そのことは中国仏教界にとっても、日本仏教界にとっても幸せでした。一方、前述のように、玄奘三蔵はインドから唐へ帰国後、ＡＤ六四九年に〈般若心経〉を漢訳しました。そのころ中国禅は発展し、すでに四祖道信（ＡＤ五八〇―ＡＤ六五一）、五祖弘忍（ＡＤ六〇二―ＡＤ六七五）の時代でしたから、玄奘三蔵の〈漢訳般若心経〉は、中国禅とは直接の関係はないと思われます。

禅はその後、大きく発展しました。とくに唐代の多くの禅家たちの厳しい修行と思索を通じて**空**（くう）は正しく理解され、独自の発展を遂げたのでしょう。ことほどさように、禅の空思想は、龍樹の空思想（空観）とも、玄奘三蔵のもたらした〈般若心経〉の空思想とも違うと思います。これらは禅を学ぶ者にとって、とても重要な視点だと思います。

そこで次に中国禅の歴史について述べます。

中国における禅の発展の意味

〈空(くう)〉のモノゴトの観かた（空観）について、簡単にお話しましたが、それを完全に我が物にするのは容易ではありません。徹底した訓練が必要なのです。そのために禅仏教が起こったと筆者は考えています。禅は唐時代に大きな発展を遂げました。六祖慧能（AD六三八―AD七一三）が禅の大成者と言われています。その後、優れた禅師たちが次々に現れました。しかし、宋の時代にはだんだんと衰えて行き、最後の輝きが如浄（一一六三―一二二八）だったと言われています。そして如浄の高弟が、わが道元（一二〇〇―一二五三）でした。つまり、禅の法燈は中国から日本へ伝わったのです。誇らしいことですね。そのため、ありがたいことに〈正法眼蔵〉は日本語で読めるのです。ただし、わが国古典の中で最も難解なものと言われていますが……。

それにしても現代のわが国の禅宗ではほとんどの僧侶や仏教研究家は、〈空〉の理解をまちがえています。そんなことでどうして正しい禅の修行ができるのでしょうか。そんな誤った理解の上でいくら座禅・瞑想を行っても無駄ではないかと思うのです。

第2節　五蘊とは

〈般若経典類〉には〈金剛般若経〉〈般若心経〉〈理趣経〉などがあります。それらは一貫して〈空〉の思想を説いていると言われています。しかし、そうでしょうか（〈金剛般若経〉についてはは後ほどお話しします）。まず〈般若心経〉についてお話します。〈般若心経〉のエッセンスは**色即是空・空即是色**ですね。それについてお話する前に、**五蘊**について考えます。

たとえば、ネットの〈コトバンク・日本大百科全書〉では、下記のように**五蘊**の解釈は人によってさまざまです。

いっさいの**存在**を五つのものの集まりとする仏教用語。

とあります。一方、〈四字熟語辞典〉には、

五蘊とは人の体と精神を構成する五つの要素のこと。全ての物質をいう「色」、感覚をいう「受」、心の中に浮かぶ像をいう「想」、欲求をいう「行」、意識をいう「識」の五つ。五蘊皆空とは、この世の全ての存在や現象は、**実体などなく**全てのものは空であるという仏教の言葉。

とあります。コトバンクの解釈とは違いますね。それに、〈人間の体と精神〉のことなのか、〈全ての物資〉のことなのかよくわかりませんね。

(i) 鈴木大拙博士の解釈

鈴木大拙博士（一八七〇―一九六六）は、禅を欧米に紹介した人として有名です。博士は〈般若心経〉のこの一節を、

He perceived: there are five Skandhas ; and these he saw in their self-nature to be empty.

"O Saariputra, form is here emptiness, emptiness is form; form is no other than emptiness, emptiness is no other than form; what is form that is emptiness, what is emptiness that is form. The same can be said of sensation, thought, confection, and consciousness.

と訳しています（大拙博士は英語の達人で、〈般若心経〉も、筆者の知る限り、こ

の英文しかありません)。つまり鈴木博士は、five Skandhas が**五蘊**を指し、それらは本性として be empty「皆空、つまり空っぽ」だと言うのです。そのため続く**色即是空空即是色**も、

この世においては**物質的現象**には実体がないのであり、実体がないからこそ、物質的現象で(あり得るので)ある。実体がないといっても、それは物質的現象を離れてはいない。また、物質的現象は、実体がないことを離れて物質的現象であるのではない。(このようにして)およそ物質的現象というものは、すべて実体がないことである。およそ実体がないということは、すべて物質的現象なのである。これと同じように、感覚も、表象も、意思も、知識も、すべて実体がないのである。

としています(日本語訳は筆者)。「実体がないからこそ物質である」とはどういう意味でしょう。

(以上、鈴木博士の原文は『Daisetsu Teitaro Suzuki,Manual of Zen Buddhism』The Eastern Buddhist Society 1955 より)

筆者のコメント：つまり、鈴木博士は五蘊を**物質的現象**（モノ）としています。

(ii) 中村元博士の解釈

〈般若心経〉のサンスクリット原典の最も古い写本は、〈法隆寺貝葉本〉として残っていますから、日本人として誇りですね。サンスクリット原典の和訳は、中村元博士らによって初めて成し遂げられました（『般若心経・金剛般若経』一九五九、岩波書店）。中村元博士は元東京大学教授で、碩学という表現がもっともふさわしい学者でした（一九一二―一九九九）。小柄で穏やかな人でしたが、釈迦以前のウパニシャッド哲学から、初期仏典の〈スッタニパータ〉、大乗仏典の〈浄土三部経（上下）〉、〈維摩経〉〈華厳経〉、そしてこの〈般若心経・金剛般若経〉と、仏教の主要な仏典を次々に翻訳した巨人です。その業績により、その後の東京大学梵文学科ではやることがなくなったと言われているほどです（その後インド哲学科と改称）。

筆者のコメント：中村博士は〈般若心経〉冒頭の、

照見五蘊皆空

の**五蘊皆空**を、

存在するモノには五つの構成要素があると見きわめた。しかも、これらの構成要素が、その本性からいうと、実体のないものであると見抜いたのであった（傍線筆者）

と解釈しています。ここが問題なのです。〈存在するモノ〉としたために、〈すべての**モノ**には〉と解釈されてしまうのです。ですから、「でも、**モノ**はあるじゃないか」という、素朴な疑問が生じるのです（『金剛般若経・般若心経』岩波書店）。

つまり、中村元博士も鈴木大拙博士と同様、五蘊を〈モノ〉と解釈しています。このように両博士をはじめとするほとんどの宗教学者や仏教家が、五蘊を〈すべての物質（モノ）〉と解釈してしまったことがそもそものまちがいなのです。ですから人は、「実体はないと言われても、モノはちゃんとあるじゃないか」と、大いに困惑するのです。

ちなみに禅では、中村博士や鈴木大拙博士のような解釈とは違って、モノの存在を認めています。**色**即是空・空即是**色**ですね。ここが禅の真骨頂なのです。五蘊をそのように考えると、当然**色即是空**の解釈もまったく違ったものになってしまいます。

(iii) 筆者の解釈

ちなみに筆者の**五蘊**の解釈は、

色蘊　モノ、つまり認識作用の対象。

受蘊　見る、聞く、嗅ぐ、味わう、皮膚感覚などの感覚。

想蘊　(「あれはバラだ」とする判断のための) 知識。

行蘊　「バラを取りたい」などの気持ち。

識蘊　「きれいなバラだ」と認識する。

このように筆者は**五蘊とは〈人間の認識作用〉のこと**だと考えています。そう考えなければ**色即是空・空即是色**がモノゴトの観かたであることとチグハグになってしまうのです。

筆者の解釈の正しいことは、「(五蘊をモノ〈物質〉と考えれば) 石や机に感覚や意志や知識があることになる。だから五蘊は人間以外のモノ〈物質〉のことではない」となってしまうことでおわかりいただけるでしょう。つまり、般若心経は、「モノがあって私が見る」という西洋的な見かたとはまったく異なる、東洋的なモノゴトの観かたを示しているのです。

第3節　色即是空・空即是色

(i) 鈴木大拙博士の解釈

鈴木大拙博士の〈般若心経〉についての解釈には、前記のように筆者の知る限り英文のものしかありません。おそらく鈴木博士は、長年米国に滞在し、英語に熟達していたからでしょう。ちなみに現在私たちが眼にする鈴木博士の著作はすべて英語で書かれたものを日本人が翻訳したものです。筆者は何度もそれらを読もうとしましたが、いつも最初の一ページで止めてしまいます。さっぱりわからないからです。たぶん日本人訳者が鈴木博士の真意を理解しないまま、日本語に置き換えたためと思います。なぜなら、録音テープで聞く博士の講演はとてもよく理解できるからです。

鈴木博士の〈般若心経〉解釈は以下の通りです。紙幅の都合上、「さわり」の部分だけ紹介します。

漢語で言う、

観自在菩薩　行深般若波羅蜜多時　照見五蘊皆空　度一切苦厄　舎利子　色不異空　空不異色　色即是空　空即是色　受想行識亦復如是

（日本語読み：観自在菩薩、深般若波羅蜜多を行じし時、五蘊は皆空なりと照見して、一切の苦厄を度したまえり。**舎利子よ、色は空に異ならず、空は色に異ならず、色は即ち是空、空は即ち是色なり。受・想・行・識も亦復是の如し**）

の太字の部分です。鈴木博士の英文をくりかえしますと、

"O Sariptra. form is here emptiness. emptiness is form; form is no other than emptiness, emptiness is no other than form; what is form that is emptiness, what is emptiness that is form. The same can be said of sensation. thought, confection, and consciousness.

このまま素直に訳せば、

シャーリプトラよ。物質（形あるもの）とは空（から）であり、〈から〉とは〈形あるもの〉である。〈形あるもの〉は空（から）以外の何ものでもなく。空〈から〉とは〈形あるもの〉以外の何ものでもない。感覚、思考（confectionは

意味不明：筆者）、意識についても同様。

emptiness について鈴木博士は、脚注で次のように説明しています（筆者抄訳）。

Empty は大乗仏教でもっとも重要で、同時に、仏教徒でない者には理解するのが難しい言葉です。Emptiness は、（よく言われているような）縁起（relativity）とも無（nothingness）とも違います。さらに、虚無（nihilistic view）とも違います。かといってたんなる論理的思考の産物ではなく、究極の現実（reality）です。言うなれば絶対（Absolute）でしょう。

筆者のコメント：究極の現実（reality）とはどういうことでしょう。筆者には雲をつかむような話です。

(ii) 中村元博士の解釈

さて、中村元博士の『般若心経・金剛般若経』（岩波書店）によりますと、〈般若心経〉のサンスクリット原典では、最も肝心な、

色不異空　空不異色　色即是空　空即是色

の該当部分は、

物質的現象には実体がないのであり、実体がないからこそ、物質的現象（であり得るので）ある。実体がないといっても、それは物質的現象を離れてはいない。また、物質的現象は、実体がないことを離れて物質的現象があるのではない……

です。筆者には意味がよくわかりません。

中村博士は解説で、

色（しき）とは原語 rupa は rup（形作る）から作られて、形あるものを意味する。（一方で）**ru（壊れる）から作られて、〈壊れるもの〉〈変化するもの〉を意味する、通俗語源的解釈**が（も？　筆者）行われている。古来、変壊（へんね）・節礙（ぜつげ）の義ありといわれている。変壊とは絶えず変化して一瞬も常恒でないこと（傍線筆者）。

だと言っています。

筆者のコメント：中村博士のこの解釈はおかしいと思います。「（一方で）**ru（壊れる）から作られて**」以下は誤りだと思うのです。なぜなら〈作られたもの〉と〈壊れるもの〉では正反対ですから、一つの概念について二つの解釈をするのは理屈に合いません。つまり、後者は余分なのです。じつは、中村博士のこの解釈は、仏教の基本思想と言われる〈無常〉に添ったものです。これまで多くの解説者もそう考えてきました。

中村博士はさらに、

空とは、「何もない状態」というのが原意である。物質的存在は**互いに関係し合いつつ変化している**のだから、現象としてはあっても、実体として、主体として、自性としては捉えるべきものがない。しかし、物質的現象の中にあってこの空性を体得すれば、根源的主体として生きられるという。この境地は空の人生観、すなわち〈空観〉の究極である。

と言っています。

筆者のコメント：「お互いに関係し合いつつ」とは、〈縁起〉のことですね。つまり中村博士もやはり他の多くの解説者と同じように、龍樹の空思想に基づいて**色即是空・空即是色**を解釈しようとしているのです。

以上、中村博士は、これまでの仏教研究者と同じように、〈般若心経〉を〈無常〉と〈縁起〉で解釈しています。しかし、筆者はそれは禅の空思想とは別だと思うのです。

(iii) 筆者の解釈

くり返しますが、筆者は「**空**のモノゴトの観かたとは、『その**体験は一瞬**である』です」と言いました。この解釈が鈴木博士や中村元博士を含む多くの仏教研究者とはまったくちがうのです。

じつは、初期仏教のパーリ仏典の一つ、サチパッターナ・スッタ（大念住経。U.Joticka,U. Dhamminda Maha Satipatthana Sutta。ネットで検索できます）には、五蘊（five aggregates）の説明に続いて、

Considering that the five aggregates continuously arise and cease within our moment-to-moment experience, The Buddha teaches that nothing among them is really "I" or "mine"（傍線筆者）

とちゃんと書いてあるのです。つまり、

五蘊は常に現われ、そして消える一瞬の経験だ。ブッダは『そこには私も、私のモノも無い』と教えられた（傍線筆者）」です。

驚きますね。すなわち筆者の言うように「五蘊とは一瞬の体験だ」と言っているので

す。後世の仏教家は、なぜかこの一節を無視しているのです。そして禅では、鈴木大拙博士や中村博士のような解釈とは違って、モノの存在を認めています。〈色(しき)〉ですね。そして「空と色は一如である」と言っているのです。これがここが禅の真骨頂なのです。それが**色即是空・空即是色**の本当の意味だと筆者は考えています。

なぜ五蘊皆空か

これまでお話してきたことから、**五蘊皆空**とは「正しいモノゴトの観かたに随えば(認識すれば)真の姿が見える」という意味だとわかりますね。

第4節　金剛般若経

金剛般若経の成立

金剛般若経は〈般若心経〉、〈理趣経〉などとともに〈般若経典類〉六百巻の一つです。それらは一貫して空思想を説いていると言われています。下記のように立川武蔵さんも、中村元博士も「金剛般若経も空思想について論述している」としています。一方、鈴木大拙博士は「(そうではなくて) **即非の論理**を説いているのだ」と言っています。どちらが正しいのでしょうか。それが今回の話題です。

金剛般若経とは

まず金剛般若経成立の歴史を概観してみます。そのサンスクリット語原典は三世紀以前にできたと考えられています。漢訳には鳩摩羅什訳、玄奘三蔵訳ともにあります。中村元博士は『般若心経・金剛般若経』（岩波書店）の中で「空（くう）の思想を説いてはいるが、まだ〈空〉という言葉は使われていない」と言っています。〈般若心経〉が中国へ伝えられたのは、上記のように鳩摩羅什および、玄奘三蔵の訳によりますが、玄奘三蔵によるものがよく知られています。それにしても〈般若心経〉の前に空思想が説かれていたかどうかは重要ですね。中村元博士の他にも立川武蔵さんが、「この金剛般若経において説かれるのは空の思想である」と言っています。

しかし、次のように筆者はそうではないと考えています。

金剛般若経は空思想か

前記のように、立川武蔵さん（一九四二〜。日本の宗教学者。国立民族学博物館名誉教授。専攻は仏教学・インド哲学・インド文献学）は、

この金剛般若経において説かれるのは**空**の思想である。それは、一切事物にお

いて、他に依拠することなく自立的に存在する本体は存在しないことを覚ることに外ならないのであるが、この空の思想は金剛般若経において、しばしば次のような逆説的な表現となって現われる。世尊（ブッダ）の問「須菩提（スブーデイ）よ、どう思うか。もし人が三千世界を満たすほどの七宝によって如来に布施したならば、この人が得た福徳は多いであろうか。須菩提の答え「世尊よ、それははなはだ多いといえます。それはなぜかといえば、この福徳は真の福徳ではないからです。だから如来は福徳が多いとお説きになっているのです。

と言っています。

筆者のコメント：立川さんの言う「一切事物において、他に依拠することなく自立的に存在する本体は存在しない」は、〈縁起の法則〉の援用に過ぎず、空思想とは関係ないと思います。〈縁起の法則〉は、仏教の基本思想の一つだと考えられており（註6）、立川さんのように、空思想を〈縁起の法則〉の視点で解釈する人はとても多いのです。前記のように、龍樹（ナーガールジュナ）の空思想も、禅の空思想とは別なのです。この誤解が、多くの人にとって禅の空思想を理解する上で大きな障害になっているのです。困ったことです。ことほどさように、金剛般若経のエッセンスは〈空〉思想ではありません。鈴木大拙博士の言うような〈即非の論理〉でしょう。

註6　他の二つが〈無常〉と〈無我〉と言われています。ただし、それは〈理由の後付け〉だと思います。

鈴木大拙博士の〈即非の論理〉

鈴木大拙博士は、「金剛般若経の趣旨は即非の論理だ」と述べています。たしかに「佛説般若波羅蜜　**卽非**般若波羅蜜（智慧の完成は智慧の完成ではない）」とか、「如来所説身相　**即非**身相とか、所謂仏法者**即非**仏法」というように、随所に**即非**という言葉が使われていますす（註7）。鈴木博士は、

この思想こそ〈金剛般若経〉の根本理念であり、この卽非の論理が、また靈性的直覺の論理であって、禪の公案を解く鍵なのである。これがわかると、〈金剛經〉もまたわかるのである。六百巻の般若經も何の事なく、すらすらと解ける

……

と言っています（『日本的霊性』角川ソフィア文庫）。緊張しますね。筆者も金剛般若経のエッセンスは〈即非の論理〉だと思います。その言葉が十一カ所（見ようによっては三十三カ所）も出てくるのがその根拠です。

〈即非の論理〉はふつう、

AはAではない。だからAである。

と形式化されています。「犬は犬ではない。だから犬だ」というわけですね。「そんなばかな」とは言わないでください。「それは現代的論理であり、即非の論理は霊的観点から見ると正しいのだ」と鈴木博士は語るのです。〈霊的観点〉などと言われたら多くの人は途方に暮れるでしょう。

たしかに「犬は犬ではない。だから犬だ」と言われたら困ってしまうでしょう。そのため、「それは弁証法と同じだ」と言う人もいます（註8）。しかし、弁証法では、「**AとBは対立する。それが統一されると新しい概念ができる**」となってしまいますから、明らかに即非の論理とは違うのです。

即非の論理は正しいと筆者も考えます。筆者の理解する**即非の論理**とは〈概念の固定化の即座の否定〉です。すなわち、**あらゆる概念とか、理念とか思想というものは、できあがった瞬間に固定化されて**しまいます。たとえば今度のコロナ騒動が典型的な例です。「コロナは新しいウイルスだ」と誰かが言い出すと、すぐに「コロナは危険だ」↓「パンデミック」↓「ワクチン注射」と、どんどんエスカレートして行きました。ほとんど狂乱状態でしたね。ホテルや居酒屋、旅行業……多くの業種が深刻な影響を受けて困りました。筆者は、この騒動が起こった瞬間から、「コロナなど季節性インフルの一つの亜型に過ぎない」と考えました。〈さざなみ〉です。この考えは今でも変わりません。

ことほどさように、概念は固定化すると一人歩きしたり、変容してしまうのです。「あいつはアカだ」とか、「あいつは頑固だ」というふうに、人を色眼鏡で見たり、誤解したりすることが少なくないのです。〈金剛般若経〉は、そうならないように、「概念というものを、でき上った瞬間に即座に否定せよ」と言っているのです。これこそ般若経典の根本理念ではないかと思います。そしてこれが禅のもう一つの要諦です。

註7　ただよく言われるような**即非**○○に続いて**是名**○○（これを○○と名付く）が出てくるのではありま

せん。たとえば佛説般若波羅蜜　**卽非**般若波羅蜜の一節では、この言葉の前に**是経名為金剛波羅蜜**（この経を名付けて金剛波羅蜜と言う）とあります。

註8

ヘーゲルが主張する弁証法とは、「ある主張とそれに矛盾する主張を合わせて、どちらの主張も切り捨てずに、より高いレベルの結論へと導くこと」です。たとえば毛沢東は「矛盾論・実践論」の中で「階級闘争とは、会社を資本家と労働者の二つの要素に分け、闘争によって新しい社会を作ること」と言っています。

第3章

なぜ〈空〉のモノゴトの観かたが大切か

第1節 〈空〉とは。もう少しくわしく

「空とはモノを見る（聞く、嗅ぐ、味わう、触る。以下同じ）体験だ」と言いました。その意味は、「（見る）という**一瞬の体験**においてそのモノの真の姿をとらえる」というのです。なぜ**一瞬**かと言いますと、時間がかかればかかるほど、**判断**する余地が出てくるからです。音楽家や絵描きや詩人などの芸術家や、優れた科学者は、独特の感性をもってその瞬間に真実の姿を見抜く能力に長けているのでしょう。

「山や川、バラの花や人間など、すべてのモノを神が造られた」との前提から始めましょう。いま、あなたの目の前にある一輪のバラは神がお造りになったものです。その〈真の姿〉を**空**と呼ぶことにします（バラには匂いも味も触感もありますが、ここでは見える姿だけに限ってお話しします）。しかし、あなたはその真実の姿を見ているわけではありません。あなたや他の人たちが見ているその物体の姿は、一人一人の眼の機能や価値判断によってさまざまです。たとえば、色盲の人が見ている色は、正常人が見ている色とは違います。蝶が好きな人にとってはきれいな羽の色も、嫌いな人にとっては不

愉快な色です。

ではなぜ**人にはモノの真実の姿が見えにくい**のでしょうか。それは人間が言葉を発明してからだと思います。たとえば、何かあるモノを言葉で表現してみてください。必ず限界があります。というより、不可能です。さらに、**言葉は判断の元**であり、言葉で表現しようとすれば、その人の好き嫌いや国民性・時代による価値観などの影響が出てきます。**判断は言葉**です。

話を元に戻しましょう。あなたが見ているモノの姿は、真実の姿そのものを表わす**空**（くう）ではなく、〈らしきもの〉です。しかし、そのモノが現実に存在していることも間違いありません。それを**色**（しき）と呼ぶことにします。つまり、**空**と**色**は同じ物体の**表と裏の姿**と言っても良いかもしれません。**色即空・空即色**とはこのことなのです。古代のインドの哲学者たちは深い洞察と瞑想によりこのことを理解したのでしょう。

公案

禅には〈公案〉があり、それについての問答が修行僧の重要なトレーニングの一つです。〈公案〉をよく読めば、「空とは体験である」ことがはっきりと示されています。

無門関五則　香厳撃竹(きょうげんげきちく)

無門関六則　世尊拈花(せそんねんげ)

無門関三十七則　庭前柏樹子(ていぜんはくじゅし)

などです。

そして、仙崖義梵の「を月さま幾つ　十三ななつ」もその一つです。

たとえば、この**庭前柏樹子**の公案は〈無門関第三十七則〉では、

僧、趙州に問う「如何なるかな是れ祖師西来意」

趙州曰く、「庭前の柏樹子」

までですが、原典の「趙州録」では、

僧、趙州に問う「如何なるかな是れ祖師西来意」

州曰く「庭前の柏樹子」
僧曰く「境（対象）をもって人に示すことなかれ」
州曰く「吾、境をもって人に示さず」
僧曰く「如何なるかな是れ祖師西来意」
州曰く「庭前の柏樹子」

〈祖師西来意〉とは「達磨大師がインドから中国へいらっしゃったわけ」つまり、「禅の本質とはなにか」という重大な問いです。その解釈として、〈臨黄ネット（臨済宗・黄檗宗の公式HP）〉では、山田無文著『無文全集　第五巻「無門関」』（禅文化研究所）を引用して、

「如何なるか是れ祖師西来意」と問われた趙州和尚が答えた言葉。趙州の住まう観音院の庭にはたくさんの柏槇（びゃくしん）の老樹が茂っておったに違いない。「庭さきの柏の木じゃ」

柏樹にはもちろん意識はない。大きくなろうとか、花を開いて実を結ぼうとか、涼しい木蔭を作って人々を休ませてやろうなどという意志は毛頭ない。無心にして花を咲かせ、無心にして実を結び、無心にして涼しい木蔭を作って人々を憩わ

せておるにすぎない。達磨大師はちょうど庭先の柏の老木のようなものだな。意志があるようで毛頭ない。ないようで大いにある……

とあります。

しかしこの解釈は誤りだと思います。筆者の解釈を示しますと、禅の本質、つまり祖師が西来された目的は、〈空〉の正しい意味、つまり、〈新しいモノゴトの観かた〉を伝えるためなのです。つまり、「修行僧に禅の本質は」と聞かれて、趙州が答えた〈庭前柏樹子〉の意味は、「あの庭の柏樹だ」と言われて思わずそれを**見た僧の体験**だと思います。つまり、筆者が繰り返している**空**理論を示したのです。

もう一つの例が、これも公案としてよく知られている**世尊拈花**〈〈無門関第六則〉拈花微笑とも（註9）があります。

たとえば東京禅センターHP〈今月の法話　世尊拈華〉(https://www.myoshinji.or.jp/tokyo-zen-center/howa）では、

お釈迦様はいつも通り霊鷲山で説法をしようと台座に登られ、そして周りを取り囲む弟子や信者に花を一輪手に取って示されました。取り囲む弟子たちは神妙な面持ちでお釈迦様の行動について考え耽りますが、迦葉尊者だけが顔を思わずほころばせます。それを見たお釈迦様は、迦葉尊者が仏教の真髄を引き継いだことを宣言された。

そして「それらは文字にすることなく、以心伝心するものである。いま迦葉尊者には確かに伝わった」と。つまり、「教えの伝達は**教外別伝**とか**不立文字**、すなわち、「教えは言葉では表せない微妙なものだ」と解釈しています。ほとんどの仏教解説者の解釈と同じです。

しかし、それは違うと思います。筆者は、

お釈迦様が一輪の花をみんなに見せた（拈花）。しかし一座のだれもその意味が分からなかった。ただ迦葉だけが、「パッと見た、その体験が禅の真髄だ」とわかったと解釈しています。このエピソード（?）は有名なものですが、じつは禅宗の誰かが創作したモノでしょう。第一、お釈迦様がそんな臭いパフォーマンスをするはずがありません。

註9　もとは〈大梵天王問仏決疑経〉にある話だと言われていますが、これは中国で作られたた偽経だと言われています。むしろ禅宗の誰かが禅の教えの要諦を示すエピソードとして創作したものと考えられ

ています。その人は禅をわかっていたのでしょう。

第2節　なぜ而今（にこん）なのか

よく、禅では「今、ここを大切する」と言いますね。而今（にこん）です。しかし、じつはその理由について解説したものはありません。

まず、般若心経で〈五蘊皆空〉と言いますね。しかし、前述のように、これまでの仏教研究家によるその解釈は誤りだと思います。あの鈴木大拙博士や、元東京大学教授の中村元博士もしかりです。このことについてもすでにお話しました。

筆者は「五蘊とは人間のモノゴトの認識作用だ」とお話しました。もう少し詳しく言いますと「色（しき）とはモノとコト、受・想・行・識とはモノゴトの認識作用」なのです。そう考えないと「空とは……」に続かないのです。

なぜ〈空〉の観かたが大切か

「空とは一瞬の体験である」とお話しました。では「なぜ一瞬の体験なのか」についてもう少し詳しく述べます。

人間がモノやコトを見た（聞いた、味わった、嗅いだ、触った）とき、常に正しく認識しているわけではありません。たとえばリンゴを見た時、すぐに「おいしそう」とか、「すっぱそうだ」と判断しますね。それがいけないのです。私たちが知りたいのは、その人の判断や価値観に左右されない真の姿なのです。それゆえ一切の判断が入る前の**一瞬**が、真の姿を見られる時なのです。だから〈一瞬の体験〉と言うのです。「真の姿」とは仏教で言う真如のことです。**一瞬**ですから**而今**（にこん）なのです。判断は**心**です。**心**などないのです。そして心こそ苦しみの元なのです。禅のモノゴトの観かたに従えば心などなく、苦しみもないのです。じつは、すぐれた画家がモノを見るときは表面をとらえているのではありません。その奥にある真如を見ているのです。あの日本画家前田青邨が描いたコオロギはわずか数本の線で成り立っています。しかしまさしく「コオロギ」なのです。それを昆虫に詳しい奥本大三郎さんが驚嘆しています。それは前田青邨がコオロギの真の姿をとらえているからです。すぐれた音楽家が音を聞くときも同じです。すぐれた科学者の場合も同様です。

第3節　東洋思想のすばらしさ

「禅の空思想はカントの〈経験〉思想と同じだ」とお話しました。しかも、カントを始めとするドイツ観念論哲学は、その後起こり、今日まで続く唯物論時代には忘れ去られてしまいました。そして現代、欧米の物質文明はどうしようもない限界に来ています。それを痛いほど感じていた欧米の知識人、ことに若い人たちが禅に関心を持つようになったのは当然かもしれません。高名なベトナム出身の禅僧ティクナット・ハン師は、アメリカ連邦議会やイギリス議会等に招かれて講演をしました。とくにアメリカ、イギリス議会に招かれたのは、世界各地の紛争で、住民同士の憎しみの連鎖がどうしようもなくなり、解決の先が見えない国際情勢だからです。さらに、時代の最先端を行くＧｏｏｇｌｅ社にも招かれました。あのアップル社の創始者の一人、スティーブ・ジョブス氏も禅を熱心に学んだことは有名です。ジョブズが、日本禅の何から感銘を受けたか、とても気になりますね。筆者はその一つがあらゆる余分なものをそぎ落としたシンプルさだと思います。これこそ日本文化の特徴です。日本文化が禅から大きな影響を受けていることは言うまでもありません。そして禅とはシンプルなのです。良寛さんの生き方を見ればわかります。「嚢中三升の米、炉辺一束の薪、そして夜雨草庵の内で双脚等間に延ばすことができれば他に何もいらない（下記）」のです。

前述のように、いま西欧の人達から東洋的なモノゴトの考え方に大きな関心が寄せられています。ヨーロッパでも激しい競争社会は勝ち組と負け組をはっきりと分け、貧富の格差はますます広がっています。そしてテロによる無差別大量殺人の要因の一つにもなっているのです。競争原理は戦後日本人の考えにも大きな影響を与え、偏差値が高い学校、大会社へ入ることを目標にするなど、あたかも人間の価値を決める尺度にさえなっています。それが子供たちの無気力や引きこもり、さらには校内暴力や暴走族の跋扈などを引き起こしているのです。

それら西欧人の考えの元になっているのが、「人間と自然とを対極的なものとしてとらえる」という思考法にあるのです。ヨーロッパでは、自然の厳しさもあって、自然とはコントロールするもの、克服するものとの考えが強くありました。それが現代の自然破壊を生んできたのはご承知の通りです。サハラ砂漠のような荒廃そのもののような土地も、二千年前は緑野と森林地帯だったのです。西洋における哲学や自然科学の発達も、

「人間と自然とを対極的なものとしてとらえ、対象を分析する」という、唯物思考に基づいています。

日本は温暖多雨で森林の再生能力が高い国です。そのため、日本人は常に緑の山や木々に取り巻かれてきました。自然を克服するという発想など昔からなかったのです。古来、山や木など自然には神が宿ると考えてきたことからもよくわかりますね。その日本人が、自然は人間と対立するものではないという東洋思想をごく自然に受け入れたのは当然でしょう。いま私たち日本人は、なんとしても、少しでも早く、東洋思想という宝物を持っていることに目覚め、それらを活用して子供も大人も生きいきと学び働ける社会に変えて行かなければなりません。学校の成績などが人間の評価の基準ではなく、一人ひとりが自己を大切にし、個性をいっぱいに伸ばせる社会にするには東洋思想こそが重要なのです。

筆者は自然科学の研究者として生きてきましたが、もちろん研究法は西欧の唯物思考に則っています。以下に、この西洋的思考と、筆者が個人的に学び、経験して来た東洋的思考の根本的相違についてお話していきますが、唯物論で生きて来た人間として、かえって禅などの東洋的考え方をお話する資格があるように思えます。

東洋的なモノゴトの考え方

では東洋的な思考とはどんなものでしょうか。前述のように、東洋では人間と自然を決して対極的なものとは捉えません。常に人間は自然の一部として考えています。たとえば人工の庭の〈借景〉として後ろの山や木々を借りることはよく行われてきました。筆者のブログシリーズでお話してきた禅思想は、この考えの究極的なエッセンスです。すなわち、いつもお話しているように**空**とは**一瞬の体験**です。そこにあっては**観る私もその部分、観られる対象**（モノ）**もその部分**なのです。〈体験の主観的部分と客観的側面〉と言ってもいいかもしれません。「モノがあって私が見る」という、西洋の伝統的な見かたとははっきりと違いますね。

自由という言葉について考えてみましょう。西洋でいう自由とは、「他からの束縛を離れる」という意味ですね。「親や学校の監督から離れる、夫の束縛から解放される」というように、常に〈私と相手〉という対立的構図から発想されています。ところが東洋思想でいう**自由とは、自**（みずから）**に由**（よ）**る**ことを意味します。つまり、自分の足で立つこと、自立することです。この自由の境地から、自己を確立し、自分の本当の価値を知ることになるのです。

つぎに**自然**はどうでしょう。欧米的な考えでは、人間と対置される周りの環境ですね。しかし東洋では**自然**は「じねん」と呼ばれていました。**〈じねん〉とは〈おのずから（自ら）しか（然）る〉**という意味で、もともと中国の荘子（BC三六九？―BC二八六？）の思想です。

〈荘子　斉物論篇〉には「天地は我れと共に生じて、万物は我れと一たり」

〈荘子　秋水篇〉には「道を以て之を観れば、物に貴賤なし」

つまり、本来的にそうであること、本来的にそうであるもの。あるがままのありかた。まさに**人間と自然を一体化する**思想、すなわち外界としての自然界や、人間と対立する自然界という概念ではなかったのです。客観的な対象物としての自然への意識はあいまいで、その意味で人と自然の一体感が強かったのです。たぶん福沢諭吉のような先人たちが、幕末から明治にかけて、西欧文化を理解するために、Nature という英語に**自然**という漢字を当てて、「しぜん」と読むように翻訳してしまったのです。福沢諭吉が偉大な思想家であることは言うまでもありませんが、日本の伝統的考えを十分に理解してたとは思えません。これに対し、〈自然真営道〉の著者安藤昌益（一七〇三―一七六二）は、「人は自然の全体也。故に自然を知らざる則は吾が身神の生死を知らず」と、士農工商などの身分の上下や男女の別のない理想社会を説いています。日本の誇るべき思想家です。（『世界の名著４老子・荘子』荘子の項は森三樹三郎訳、中央公論社）

第4節　悟りとは：神との一体化

悟りとは、きちんとした訓練（修行）**によって空**（くう）**、すなわち正しいモノゴトの観かたができるようになった状態**を言います。それは、筆者の言う〈本当の我〉を通じて**神に直結した状態**だと思います。さらに言えば、モノゴトの観かたが、**色即空・空即色**と自在に切り替えられる状態でしょう。ここで突然〈**神**〉という概念が出てきたことに驚いた人がいるかもしれません。反発する人もいるでしょう。しかし、以下にも述べますように、長年神道の信者として、いわゆる霊能開発修行をし、数々の霊的体験をしてきた筆者の考えなのです。さらにそれ以前、キリスト教会へも通いました。

じつは道元も仏（神）の存在を思想の根底に置いているのです。すなわち〈正法眼蔵・生死巻〉で、

「ただわが身をも心をも放ち忘れて、仏の家に投げ入れて、仏の方より行われて、これに随いもてゆく時、力をもいれず、心をも費やさずして、生死を離れ仏となる」

と言っています。「人間の生死の問題は、仏（神）にお任せしよう」と言うのですね。

神に近づく

〈中野禅塾〉の読者の時永さんから、

塾長は研究の最中に神の存在を実感する体験を持たれたとのことですが、そのような体験がない私のような者は、その時の感覚をいくら体験者に尋ねても同様に実感できることは難しい性質のものでしょう。

というコメントをいただきました。

このご質問に対し筆者は、「自宅に神殿を設けて日々お参りし、地区の産土神社に毎月参詣しています」……などとお答えしましたが、信仰は心の問題ですから、それ以上適切なアドバイスは出来ませんでした。その答えを何ヶ月も考えていましたが、先日、ボランテイア活動の帰りにフト「**神の心になりなさい**」との言葉が浮かびました。そうなのです！「神の心になって生きる」それが答えだったのです。

筆者は毎晩瞑想の前に、「今日一日の言動に神の心に反するものはなかったか」を確認しています。

作家の加賀乙彦さんのような「なんとかして神の存在を信じよう」とか、「キリスト教に対する疑問」などの気持ちを忘れるのです。あるいは時永さんのように「神を実感したい」という望みを捨てるのです。そして「神の心になって生きよう」と決心するのです。それは誰でも、今すぐにでも始められます。「神の心？」などと考える必要はありません。結果は自ずと付いてきます。

神とは愛なのです。考えてみてください、親が子を思う心、それはすべての人間、それどころかすべての動物が持っています。「当然」ではありません。**本能**と言ってもいい感情ですね。なぜ人間やその他の動物はそういう感情を持つのか。それは**神から与えられたもの**だからでしょう。愛の心を持って生きる。いつでも、どんな時でも。それは時には難しいことです。他人にひどいことをされたり、言われたとき、誰でも腹が立ちます。また、他人が自分より優れていることを知らされた時、そんなとき誰でも悲しくなります。しかし、そんな時にもこのことを思い出すのです。あの良寛さんは失火犯の疑いを掛けられたり、畑の中で座禅して瓜盗人と間違えられて殴られたことがあります。

また、「坊主のくせしてお経も読まず、物乞いをしている」と面罵されたこともあります。それでも黙って耐えました。おそらく良寛さんは禅の極意とはそういうものだとわかっていたからでしょう。聖書に「右の頬を撃たれたら左の頬を出せ」という厳しい言葉があります。おそらくそれも、やり返せば神の心に反することになるからでしょう。

神の心になって生きる……そこには疑問の入り込む余地はありませんね。

「禅の話をしているのに神に近づく?」とは言わないでください。キリスト教徒で〈悟り〉に達した人もいます。キリスト教の神を信仰することも、禅で悟りを目指すことも、同じなのです。富士山に登るのに吉田口とか、御殿場口があるのと同じです。

第4章

禅の修行

第1節　公案と問答

禅特有のモノゴトの観かたを体得するのは容易ではありません。そのために僧は命がけの修行をするのです。

まず従来の禅の修行においては、〈概念の固定化〉を徹底的に排除します。たとえばモノを見た（聞いた、味わった、嗅いだ、さわった）時、「あれは○○だ」という判断を固定化しないようにします。概念を固定化すれば先入観になります。あるいは、「私の出身校は有名な○○だ」とか、「あいつは右翼だ」とか……ですね。このように、人にレッテルを張ることが良くないのは自明でしょう。それゆえ、禅ではこういうすべての概念の固定化を避けます。そのために、禅問答や公案の研究、禅師の講話などを行います。すると残ったものは「見た（聞いた、嗅いだ、味わった、さわった）という**経験**だけです。そこには〈（見た）**私も**〉も〈（見た）**モノ**〉も**ありません**。禅者はこのような修行を通じて、**空**（くう）の概念を体得して行ったのでしょう。ちなみに、現代のほとんどの仏教研究家が「空（くう）とは実体がないこと」と言いますが、その本当の意味はこうだと思います。

公案と問答

修行の一つに〈公案〉と〈問答〉があります。〈公案〉とは、禅の師匠が弟子に与える質問です。前述の〈香厳撃竹〉〈世尊拈花〉〈庭前柏樹子〉などがよく知られています。優れた公案をまとめたものに〈無門関〉〈従容録〉〈碧巌録〉などがあります。弟子たちは〈公案〉の一つを与えられて、それこそ昼も夜も考え抜いたのです。そして見つけた答えを師匠に示し、「よし」とか「ダメ」を与えられるのです。「ダメ」ならさらに考え続けなければなりません。筆者は以前、曹洞宗本山永平寺での「問答」の様子をテレビで見ましたが、ずいぶん形式的だと思いました。次に近世の二人の有名人の〈問答〉の例をご紹介します。

(i) 松尾芭蕉の問答

芭蕉がまだその師仏頂禅師の元で参禅していた頃、ある日、和尚が彼に尋ねて言った。

仏頂「今日のこと作麼（そもさん）」（近頃どう暮らしておられるか）

芭蕉「雨過ぎて青苔潤う」（自然と共に暮らしております）

仏頂「青苔いまだ生ぜざる時の仏法いかん」（世界がまだ生ぜざる以前に何が在るか）

芭蕉「蛙飛び込む水の音」（註10）

註10　つまり、この芭蕉の答えには「古池や」の初句はなく、後で俳句の形にするために追加されたものだと言われています（『芭蕉翁古池真伝』早稲田大学中央図書館蔵・筆者未読より）。

筆者の感想：つまり、蛙が水に飛び込んだ「ポチャン」と音を聞いた時、芭蕉はその音が「天地の音だ」と気が付いたのですね。筆者はこのエピソードを聞いて〈香厳撃竹〉（香厳が庭を掃いていて、箒の先で払われて飛んだ小石が、かたわらの竹に「カチン」と当たった音を聞いて悟ったエピソード）を思い出しました。

(ii) 夏目漱石の問答

夏目漱石は、鎌倉円覚寺の釈宗演老師に参禅したことでも知られています。そこで与えられた公案が〈父母未生以前の本来の面目〉です。芭蕉が与えられた公案と同じですね。「お前の両親が生まれる前の、本来の面目とはなんだ?」という意味ですが、一筋縄では行かなそうですね。漱石は小説〈門〉の中で、

老師といふのは五十格好（がつかう）に見えた。赭黒（あかぐろ）い光澤（つや）のある顔をしてゐた。其の皮膚も筋肉も悉く緊（しまつ）て、何所（どこ）にも怠りのない所が、銅像のもたらす印象を、宗助の胸に彫り付つけた。たゞ唇があまり厚過ぎるので、其所（そこ）に幾分の弛（ゆる）みが見えた。其の代り彼の眼には、普通の人間に到底見るべからざる一種の精彩が閃めいた。宗助が始めて其の視線に接した時は、暗中に卒然として白刃を見る思ひがあつた。

「まあ何から入つても同であるが」と老師は宗助に向つて云つた。「父母未生以前本來の面目とは何だか、それを一つ考へて見たら善かろう」。宗助には父母未生以前といふ意味がよく分からなかつたが、何しろ自分と云ふものは必竟（畢竟。漱石には当て字が多い：筆者）何物だか、其の本體を捕らまへて見ろと云ふ意味だらうと判斷した。それより以上口を利くには、餘り禪といふものゝ知識に乏しかつたので、默つて又宜道（友人）に伴れられて一窓庵へ歸つて來た。

とあります。

この公案は、もともと禅の六祖慧能（六三八―七一三）の「父母未生以前に於ける、本来の面目如何」という問い掛けから始まっています。この公案を解説するのにネットで見つけた「仏光さん」の次の説明は、この公案の趣旨を理解するのにわかりやすいので一部引用させていただきます（ameblo.jp/bukko-san/entry-10263994887.html）。ただ、仏光さんのブログにはこの公案の解釈は出ていません。それが重要なのですが。

私たちはよく「私はこう思う」とか「私は腹が立った！」とか「私は嬉しい」とか言っていますが、この〈私〉とはいったい何を指しているのでしょう。「この身体が私か？」「いやいやそうではない。この**心**が私なのだ」とか色々考えてしまいます。「じゃあ〈私〉というその心をここに出して見せてくれ」と言われても困ります。〈心〉とはいったいどこにあってどんなものなのでしょう？……ふだん私たちはこのつかみどころのない〈私〉に振り回されているのではないでしょうか？　このよくわからない私が苦しみ、悲しみ、喜んでいるのです。いったい「私とは何なんでしょう。それは正しい坐禅・瞑想をしないと本当の答えは出てこないと思います……。

要するに慧能は「本来の人間（筆者の言う**本当の我**）とは何かをはっきり見定めよ。それがわからないから悩みや喜びに振り回されているのだ」と言うのでしょう。

じつは心などないのです。

第2節　座禅・瞑想の意義

「人間は言葉を発明して以来、価値判断が積もりに積もっている」とお話ししました。禅の座禅・瞑想は、この積み重なった人間の価値判断を削ぎ落して、モノの真実の姿、つまり〈空〉が見えるようになるための修行です。

禅に限らず仏教では〈教行一如〉と言い、学びと修行はいずれも不可欠です。学びなくして悟りはありません。なお、**〈わかったことが正しいかどうか〉は〈そのとき奇跡が起こったかどうか〉**で確認できます。筆者が体験した奇跡はすでに前著『禅を正しく、わかりやすく』（パレード）でお話ししました。

もちろん筆者は瞑想を毎日実践しています。瞑想の意義の一つは、心を鎮めることにあります。現代の私たちは、「良い高校や大学に入り、一流の会社に就職し、豊かな（？）人生を歩まなければならない」という暗黙の至上命令に従って生きています。そのため、時には幼稚園や小学校から塾に通う人もあり、就職してからも神経をすり減らす毎日です。つまり、私たちは常に何かを考えています。その「何か」も私たちがこの世で生きる本来の意味である魂の成長とはおよそ関係のない俗事ですね。それによってどれだけ心が曇り、**魂との疎通が滞ってしまう**かわかりません。そのため瞑想によって心を鎮めるのです。

瞑想の最も重要な意義は、正しい瞑想を積み重ねることによって**本当の我（魂）に出会い、それを通して神（仏）と一体化すること**だと思います。**神と一つになって正しいメッセージを受け、神の御心に従って生きる**のです。筆者はもっぱら禅について学んでいますが、じつは釈迦以前のインドのヴェーダ信仰や神智学に共感するところが大きいのです。自己（アートマン）と神（ブラフマン）との一体化を目指すのが、ヴェーダ信仰の目的です。人間の言葉や行為によってカルマが生じ、それが私たちの魂の記憶になって刻み付けられると言います。輪廻転生（生まれ変わり）のさまざまな局面でカルマ（過去の因縁）が表に現れ、多くの場合「好ましからざること」となって具現化すると言われています。

これに対し釈迦仏教では、真っ向から自己（アートマン）とか梵（ブラフマン）いう固定的な概念を否定し、輪廻転生については**無記**（語らない）としました。それは当然のことで、もともと釈迦仏教はヴェーダ信仰のアンチテーゼ（それを否定する理論）として生まれたからです。

一方、神智学は、広い意味では、カルマの存在や、神との一体化を目指すヴェーダ信仰と共通するところが多い考えです。ヨガにも通じるところが大です。もちろんヨガでも瞑想は重要な修行です。

筆者は、前述のように神道系教団にも属して修行をしましたし、神智学についても学びました。カントの観念論哲学や西田哲学も学びました。そして今日に至るのですが、もう何が現在の考えに結び付いたのかはわかりません。いずれにしましても、釈迦仏教とはかなり異質なものです。

ここでとくにお話したいのは**瞑想のやりかた**についてです。「ひとおーつ、ふたあーつ……」と声に出して数える方法（?）、自分の心を見つめる方法など、さまざまなやりかたがあると言われていますが、そのほとんどに筆者は馴染めませんでした。筆者が

「これなら」と思う方法にたどり着くまでに十年かかりました。どうか皆さんもさまざまな試行をしてみて納得できるものをつかんでください。なによりも続けることが大切です。

最後にとても大切なことを付け加えます。瞑想は正しい指導者の指示に従ってください。〈正しい〉とは、〈途中で何か起こっても対処できる人。それだけの霊的能力を持った人〉という意味です。有名寺院で五年や十年瞑想体験をしただけの人ではとてもダメだと思います。くれぐれもご注意ください。

第3節　新しい修行とは

筆者は四十三歳の頃にも、大変厳しい状況に陥りました。〈厄年〉という言葉は好きではありませんが、やはりその頃に人生の転機があることを先人たちは経験的に知っていたのでしょう。「どのようにしてこの苦境から脱出したらいいのか」。その時偶然立ち寄った書店で、ある神道系教団の案内書を見つけました。次の休日、すぐに隣県にあるその教団を訪ね、話を聞き、入団しました。

筆者が属していた神道系教団では、教祖が信者の悩みを独特の修法で解決する一方、信者にその修法を学ばせる**霊能開発修行**をしていました。筆者は別に霊能開発などしたかったわけではなく、その教団に入ったらそういう修行をしていたのです。その基本は、まず、神殿の前に信者たちが座り、後ろで導師が祝詞(のりと)を読み上げるというやりかたです。祝詞奏上が進むうちに、信者の中には神々と感応して体が揺れてくる人がいます。霊動と言いますが、筆者は体質的なものもあったせいか、始めから激しい霊動が起こりました。

月一回の講習会に参加すると、一日三回修行があり、そのつど〈修行帳〉に判を押してくれます。それが百個たまると〈初伝〉、三百個たまると〈中伝〉というふうに進んでいきます。この修行に加えて、神伝加持祈祷法や、神占法などを学びます。前者は病気の治療、後者は〈占い〉です。憑依した霊を除く除霊法もあります。

それはともかく、筆者に強いインパクトがあったのは、修行の過程で経験した数々の神秘体験や心霊体験です。中でも不快だったのは死霊が憑依する現象でした。〈背中のあたり〉に強い違和感があり、一種の興奮状態になります。それはどんどんエスカレートし、日常的に起こるようになりました。ある時など小学一年生の娘が「学校で松ぼっくりが要る」というので、近所の公園へ拾いに行きました。拾っていてふと周りを見渡して「ハッ」としました。そこは大きな墓地公園で、お墓が並んでいたのです。「ハッ」とした予感は当たり、その夜強い〈金縛り〉に会いました。死霊が付いて来たのでしょう。その他、経験した心霊現象は数知れません。

これらの経験には他人のそれも含めて、不思議なものもたくさんありましたが、また別の機会にお話します。筆者はその後別の教団に移り、都合十七年間**霊能開発修行**をしました。

仏教の悟りとの関係

次に、そこでの筆者の心（神）霊経験が仏教の〈悟りへの道〉とどういう関係にあるのかを考えてみます。いま考えて少し気になりますのは、神道道場での修行が常に**受け身**だったことです。仏教の修行がひとえに積極的であることとの決定的な差ですね。それはともかく、これらの心霊体験が、筆者を霊魂、そして神と結びつけたとも言えるでしょう。その意味で、それらの体験も禅の〈悟りへの道〉につながるようにも思います。この問題は今後よく考えてみる必要があります。

強いて言えば、**禅仏教も神道やキリスト教なども到達点は同じで、登山口が違うだけ**なのかも知れません。

新しい修行方法

ではこの筆者の考えに則った新しい修行法とは何かが問題になりますね。**神と一体化**

するための修行です。結論から言いますと、神に対する真剣な信仰です。もちろん**無理に信仰することではありません**。筆者はいつも考えています。これまでどれほど大きな恩恵を神から頂いていることか。筆者はあるとき突然「生命は神によって造られた」と閃きました。

若い頃、「生命はどうして生まれたか」について、ソ連のオパーリン博士の『生命の起源』がよく読まれていました。「生命は偶然の積み重ねでできた」という考えです。この考えは今でも主流を占めているはずです。しかし、神に触れた今、筆者はそうは考えません。生命は神によって造られたとしか思えないのです。現在、物質の最小の構成単位は素粒子です。十七種類が知られていますが、「偶然十七種類の素粒子ができ、それが集まって物質ができた」と考えるのはあまりにも暢気すぎないでしょうか。それぞれ特有の性質を持ちますが、各々の素粒子の独特の性質が偶然備わったとか、それらがなぜ十六種類ではなく十七種類なのか、物質はそれぞれの素粒子が十七種類集まったのも偶然の結果とはとても思えません。「神という絶対者の意志」と言っては飛躍があるでしょうか。

太陽の恵みのありがたさは言うまでもありません。そして私たちが生きて行けるのは多くの食べ物が必要です。それらの食品を巧妙に取り入れて、分解し、時には体に再構成する巧妙な仕組み！　神の摂理と恩恵として得られたとしか思えません。食べ物だけではありません。暖かい衣服や住まいはすべてたくさんの人々のお蔭で手に入れられました……ことほど左様に筆者は毎日、神と多くの人々に対する感謝の日々を送っています。いや私たち人間は、改めてそう思わなければ神に対して不遜でしょう。

こういう、**神に感謝し、人々に感謝して生きる……それが筆者の新しい修行として加わりました。**「座禅・瞑想で悟りに至った者はいない」と言った人がいます。たしかにとても難しい修法です。何十年も実践してきた筆者にはよくわかります。それに対し、筆者が提案するこの修行は、すぐにでき、いつでもやれるのが大きな特徴です。

以前、知人をお見舞いしたことがあります。ずっと年上の人でしたが、驚いたことに、末期ガンであるにもかかわらず、平然と本を読んでいました。長年敬虔なキリスト教信者でした。

神を心の底から信ずることができれば、恐れるものは何もありません。それが悟りでなくてなんでしょう。

悟りに至るとは神と一体化すること、それには神の心で生きること。

第4節　現代の修行僧

正眼僧堂と安泰寺での修行

(i)臨済宗正眼寺・正眼僧堂（岐阜県美濃加茂市）では山川宗玄師家の指導の下、自給自足と托鉢の生活と厳しい修行が行われています。

(ii)前述の京都府安泰寺（兵庫県美方郡新温泉町）では中村恵光さんを中心に、広い田畑を耕し、年間千八百時間もの座禅・瞑想が実施されています。豪雪地帯で、冬は外部との連絡も途絶えがちの厳しい環境です。

(iii)もちろん曹洞宗本山の永平寺や、臨済宗の各本山（十四の宗派があります）でも修行が行われています。真言宗の高野山でも、修行僧たちは真摯に修行を励んでいます。それでもこれらの大寺では衣食付きなのです。その意味で、自給自足の生活をしながら修行している前記の正眼僧堂や安泰寺での修行は尊いものに思えます。

NHKBS1スペシャル「なにも求めず、ただ座るだけ」で、ロシア、フランス、ドイツそして日本から悩みを抱えたさまざまな人が、自給自足の生活をしながら安泰寺で座禅・瞑想をする姿が紹介されていました。ある人は「生きる意味が知りたい」、ある人は「人生に疑問を感じてここへ来た」と言っていました。ドイツから来たフェビアンさん（二〇二一年当時二十四歳）は、ドイツ南部の裕福な家庭に育ち、両親の期待を担って大学に入りました。「良い仕事について成功を目指すのが当たり前の環境で育ってきました。そのため家族からいつもプレッシャーを感じていた。しかし、他の人が人生に満足する中で自分だけは何かを探し求めていた。その中で心をつかまれたのが安泰寺のHP（英語）にある一言だった。『Stop chasing』（追い求めることを止めなさい）を読んで強く感じるところがあった。人生をどう生きるのか違う見方を教えてくれる気がした。禅はずっと抱えていた疑問への答えに近づけてくれるような気も。そして大学をわずか一ヶ月で中退して安泰寺へ来ました。『この修行を三年務めよ』という掟をやり遂げ、得度して〈明玄〉と改めました。（安泰寺での生活を続けてみて）**ここでは過去や未来でなく、いまここに目を向けるしかない**のです。かつて追い求めていたことがあまり重要でなくなりました。**今この瞬間にこそ大切なものがあります。今この瞬間足**

りないものはない。そう気づけば満たされると思います。『自分はいま生きている』とようやく気づくことができました」。フェビアンさんはこの後、さらに専門僧堂へ進み、将来住職となって修行の人生を送るはずです。

もう一人のロシア・キルギス出身のボグダンさん（二十四）は、幼い時から難病に苦しみ強い劣等感を持っていたとか。猛勉強をして難関のモスクワ大学に入り素粒子学を学んでいた英才です。しかし、学問では救いを得ることができなかった。「生きる意味とは何なのか」……答えを求めて安泰寺へ来た。ただ、残念なことにわずか一年で、「がんばってもなんの結果も出ない。ここでの修行に意味があるかどうかわからない。もっと修行したらどうなるのか。十年経ったら寺を出る勇気がなくなる」と下山しました。

安泰寺の年間千八百時間の座禅・瞑想には驚かされます。しかし、番組を注意して見ていると、安泰寺では〈公案問答〉を始めとする〈学び〉がまったくないことがわかります。ボグダンさんは個人的に当寺の五代前の堂頭**澤木興道**師の著書『澤木興道全集』（大法輪閣）を読んでいました。「むつかしい。しかしだいたいわかります」と。しかし、それではダメなのです。筆者も澤木師の著書をいろいろ読みましたが、前記のようにピンと来るところはありませんでした。もちろん座禅だけをしていればよいのではありません。道元が「只管打座」と言ったのは「ひたすら座禅だけをせよ」と言ったのではなく、「他宗のような形式的な問答などやめて座禅しなさい」という意味だったのだと思います。

「Stop chasing」（追いかけるのをやめる）……たしかに心に響きますね。フェビアンさんとボグダンさんは共に世間的な〈人生の意味〉に疑問を持って安泰寺に来ました。フェビアンさんは厳しい修行を通じて「**ここでは過去や未来でなく、いまここに目を向けるしかない。今この瞬間にこそ大切なものがある**」と気づいて救われました。じつは、はからずもそれこそ禅の要諦なのです（而今ですね）。一方ボグダンさんは何もつかめず修行をあきらめました。結局山を下りましたが、彼のような人なら、今後たとえ就職するにしても立派にやり遂げるでしょう。安泰寺での経験はけっしてムダではなかったと思います。そして、常に〈現在〉のアンチテーゼとして人生のバランスを取っていくことでしょう。

一体、現在の日本に、どれだけの人がフェビアンさんやボルダンさんのように人生を真剣に考えて生きている人がいるでしょう。筆者も若い時は人生の意味など深く考えない一人でした。それでもこれまでの人生で〈やりたかったこと〉は、やり遂げました。それはそれで満足しています。しかし、もしフェビアンさんやボグダンさんのようにもっと人生を真剣に考えて生きてきたら、人生の方向は大きく変わっていたかもしれません。それには忸怩たる思いがあります。ただ、一切の仕事を退いてから十五年間、禅を本格的に学び、「正しい人生とはそういうものだったか」と気付きました。それがわずかな慰めです。

第5節　生きることは修行の場である

一般人でも同じではないか

前記の禅堂はとても厳しい修行の場です。ただ、私たち在家者にとっては、「およそ関係のないところ」ですね。もちろん彼らの修行は真摯で、尊敬すべき生き方です。しかし多くの市井人が、それぞれの仕事で責任を果たし、子育てをする中で禅の心を学び、実践することも同じ修行だと思うのです。生きていればさまざまなことに出会います。苦しいこと、悲しいこと、腹立たしいことも多いはず。多くはその中で、いつも和顔愛語、優しい顔とおだやかな言葉で人に接し、どんな時にでも冷静で、神の心に近づくことを心掛ける生き方も、尊い禅の修行と変わりないと思います。それらが禅道場での修行に劣るとは思えないのです。

それどころか、それら専門道場の修行僧たちは、美しい音楽を聴くことも名画を鑑賞することもまったくありません。感動的な小説を読むこともないはずです。多くは生活の苦労もありません。一方、私たちはそれらのいずれをも楽しむことができます。いえ、楽しむと言っては語弊があります。それらはどれも心を震わすものなのです。さらに私たち市井人は、人を恋し、友人と親しく交わり、時にはケンカをしても、掛け替えのない友情を育んで行きます。子供たちのことで喜び、時には悩みます。「明日何を食べたらいいのか」と言う人もいるのです。しかし、それらいずれの経験も魂の成長にとってムダなものはないでしょう。一方、それらの経験をまったくしない専門僧はどうでしょう。彼らは**ある意味で、人間であることを捨てたのではないか**とも思います。「それで十分な心の成長があるのか」と思うのです。

最後に禅の奥義に達し、貧しくとも豊かに生きた良寛さんのお話をします。

第6節　良寛さん

禅の心を生きた人

良寛さんに心酔する人は現在でも多く、全国に〈〇〇良寛会〉が四十二もあることに驚かされます。筆者はそれらの会員ではありませんが、敬愛することに関してはだれにも引けは取りません。今でも何か心に屈するものがあると良寛さんの歌集を開いて慰められます（『良寛心のうた』中野孝次、講談社 α新書）。

良寛さん（一七五八―一八三一）は、子供たちと手まりを突き、草相撲をして春の一日を遊んだ人として親しまれています。しかし、じつはあの道元以来の禅の達人と、筆者は考えています（註11）。十八歳のとき越後の庄屋の跡継ぎの地位を捨て、備中（岡山県）玉島の圓通寺へ入って十年にわたる厳しい修行をしました。その結果印可（免許）を受け、将来どこかの寺の住職になることが約束されたのです。しかし、なぜかそれも投げ捨てて、長い修行の旅に出ました。そしてさらに十年後、三十九歳のとき越後にもどって、あの子供たちと遊ぶ日々を送ったのです。

良寛さんのことは、筆者が前著でくわしく紹介しましたので、このブログシリーズではあえて割愛しました。しかし最近、前著からの読者で、ブログも熱心に読んで頂いている人から「五合庵（新潟県燕市）へ行ってきた」とのお知らせをいただきました。筆者も十年前に行きましたが、庵の前に「焚くほどは風がもてくる落ち葉かな」の句碑があったことを覚えています。良寛さんの悟境をもっとも端的に表した句だと、碑を作った人が考えたのでしょう。以下に筆者の考えを述べますが、その前に、もう一つの漢詩をご紹介します。

（筆者訳）

生涯、身を立つるに懶（ものう）く　立身出世など考えたことはない。
騰々（とうとう）、天眞に任す　ただ、天命に従うまで。
嚢中（のうちゅう）、三升の米　頭陀袋には托鉢でいただいた米が三升。

爐邊、一束の薪
誰か問わん、迷悟の跡
何ぞ知らん、名利の塵
夜雨、草庵の裡
雙脚等閑に伸ばす

炉端には薪一束。
悟りとか迷いなどどうでもいい。
名誉とかお金など興味はない。
夜、草庵の外の雨の音を聞きながら。
足を長々と延ばしている。他に何が要ろうか。

良寛さんの清貧の生活をよく表したもので、筆者を含めたファンたちの大好きな詩でしょう。ただ、良寛さんの気負いが感じられ、漢詩としての情感もいまいちですね。

註11　道元以来、一休、白隠などのすぐれた禅師がいたと言われていますが、著書がほとんどなく、思想がよくわからないのです。これに対し良寛さんの悟境は、たくさんの漢詩や短歌、俳句から伺われます。

良寛さんと小林一茶

あの小林一茶（一七六三―一八二八）の句に「焚くほどは風がくれたる落ち葉かな」と、良寛さんの句とほとんど同じものがあります。びっくりしますが、じつはよく知られた話です。前記の、そこを訪れたその友人からのメールには、

両者の句の違いに頭を痛めています。一茶のほうが先に詠んだようで、良寛さんはわざわざこの句を詠んだのはどのような意味があるのか……とても面白い問題です。ネットで一茶の方は「自己を主にした自然への計らい」、良寛さんの方は「自然は自然で恩恵にあずかるのはこちらからである。それを感謝するのもこちらの心からである」と解説しているが今一よくわからない……

とありました。たしかにその人が言う通り、良寛さんの心境を考える上で重要な課題ですね。

良寛さんの「焚くほどは風が持て来る落ち葉かな」の句は、小林一茶の「焚くほどは風がくれたる落ち葉かな」の句の後で作ったと言われています。ほとんど同時代の人で、一茶の句は当時から多くの人に知られていたとか。良寛さんの住む越後は、一茶の住む

信濃のすぐ近くですし。なにせ一茶は、俳諧の世界の一方の雄でしたから。筆者は一茶の終の棲家、長野県柏原も訪ねたことがあります。火事で母屋が焼けたため、移り住んだ土蔵改造の建物でした。

じつは、一茶の句は「風が私に葉をくれた」。良寛さんの句は「風が吹いて葉が私のところへ飛んで来た（だけ）」ですね。ほんのわずかな違いしかないようにも見えます。しかし、禅の見かたから言えば決定的な違いがあるのです。すなわち、前者が、風（自然）と私（一茶）を対立的にとらえているのに対し、良寛さんの句には風（自然）から私（良寛さん）への働きかけなどありません。「なるようになっているだけ」なのです。ここが重要なのです。

筆者はこのブログシリーズで、

〈空（くう）〉とは、私が対象物を見た（聞いた、さわった……）体験そのものが真実だというモノゴトのみかたである。

と、何度もお話しました。そこには〈私〉と〈対象〉の区別はありません。両者は一体（というより、禅では〈一如〉）です。禅の達人である良寛さんは、とうぜんその考えを体得していたはずです。そのため一茶の句を知って「私はちがう」と言わざるを得なかったのでしょう。他人の、しかも有名な句を勝手に変更したのは、やや穏当ではないようにも思いますが、良寛さんのひたむきさがそうさせたのでしょう。「焚くほどは、風が持て来る落ち葉かな」の句は、まさに**自然と人間が一体化した世界**を表わしているのですね。

でも一茶を良寛さんと比較しては気の毒だと思います。一茶は、すぐれた句をたくさん残した人ですが、なんと言っても農民出身なのです。一茶が継母や義弟と熾烈な遺産相続争いをしたことはよく知られています。良寛さんは越後の大庄屋の跡継ぎでした。当時の知識人ですね。しかし、他の庄屋との勢力争いや、農民とのトラブルに嫌気がさして一切を捨てた人です。つぎはぎだらけの衣を着、一本の杖と鉢だけの修行の人生を送りました。「嚢中に三升の米と、炉辺に一束の薪があれば十分だ」と読んだ良寛さんの心境は一茶とはおのずと次元がちがいますね。

良寛さんと芭蕉と種田山頭火

友人であり、筆者のブログシリーズを読んでいただいている人たちと一夜、歓談しました。筆者が良寛さんについて熱っぽく語りますと、そのうちのお一人が、「良寛さんが家庭も持たず、子供も残さなかったのは、生物の一員としての天の摂理に反するのではないか」と指摘されました。理屈はわかりますが、それでは子供さんができなかったご夫婦に失礼だと思います。まあ、酒の上でのことと許容されますが。また、筆者が「良寛さんが一生、物乞いして生きたのは大変なことだ」と言いますと、「でも晩年はどうしたろう」と疑問が出されました。

第一の疑問について

もう少し広い視野で見てあげてください。禅の世界では、家庭を作ろうと子供ができようとできまいと、「良いか悪いか」の判断は一切無いのです。地位がどうとか、財産や教育の有無についても同じことです。家庭を持ち子供を作れば喜びはもちろんですが、それなりの悩みもあります。高い(?)地位に就けば組織をまとめて発展させて行く苦労も付いて来るのは当然です。

良寛さんはたぶん、禅の心を一生掛けて体現したいと決心し、それをやり遂げるには幸せな家庭を築くのは無理だと考えたのでしょう。筆者の言う「社会人としてちゃんと生き、幸せな家庭を築きながら禅の道を体現することができる」というのは、「言うは易く……」でしょう。良寛さんは自分の将来の限界をはっきりと見通したのだと思います。

良寛さんは、備中玉島の禅寺で厳しい修行を積み、印可を受けた人です。いずれ、しかるべき寺の住職になり、生活は安定し、弟子たちからも尊敬される一生を送ることもできたはずです。しかし、あえてその道を放擲したのです。「**自由が縛られる**」と思ったのでしょう。

あの松尾芭蕉や、自由律俳句の種田山頭火も自然と一体化し、自由に生きた人です。芭蕉の「静かさや……」や「古池や……」、「荒海や……」の句はそのまま禅の心を表わしたものでしょう。山頭火の「分け入っても分け入っても青い山」や「うしろすがたのしぐれてゆくか」の句も同様のはず。しかし、彼らにはそれぞれ日本各地に信奉者がおり、そこを訪れて句の添削をすれば、当然謝礼もいただけたでしょう。奥の細道紀行などは、彼らの経済的支援があったからこそ成し遂げられたと思います。筆者も山頭火は尾崎放哉と並んで好きですが、二人共大酒のみで、どれほど支援者に迷惑を掛けたかわからないのです。

山頭火も芭蕉も、それぞれ立派な句集を残しました。一方、良寛さんは、詩集『草堂集』・歌集『布留散東』を残しました（いずれも現代の複製があります）が、あれは書き散らした歌や詩を弟子の貞心尼がまとめてくれたおかげで、今日私たちが味わうことができるのです。つまり、芭蕉や山頭火などの〈句の宗匠〉とは作品のできた経緯がまったくちがうのです。

第二の疑問「晩年も物乞いをしたか」について

晩年は、越後の大庄屋で文化人であった阿部定珍や、解良栄重などに良寛さんの学識や歌が自然に認められ、肩の凝らない交友が始まり、援助と言うより〈気軽なお土産〉として、いろいろなものをいただいたようです。

ちんばそに酒にワサビにたまはるは春を淋しくあらせじとなり

（ほんだわらや酒やワサビをいただいたのは、私の春が淋しくないようにとのお心づかいからでしょう）

良寛さんと語り、暮れて帰ろうとする友人に、

つきよみの光を待ちて帰りませ、山路は栗のいがの多きに

（月が出てからお帰り下さい。山道は栗のイガも多いでしょうから）

と詠んだのも二人の温かい交情がよく出ていますね。

またある秋の夕暮れ、良寛さんが一人の老農夫に呼び止められ、とうもろこしやどぶろくをご馳走になり、「こんなものでよかったらいつでもお寄りください」と言われたとの歌も残っています。

ことほどさように、筆者のような良寛さんファンには、つぎつぎにその歌やエピソードが出てくるのです。

良寛さんの悟境　道元以来の人

ただ、良寛さんはけっしてすべてを無条件に受け入れ、許容した人ではなかったと筆者は考えます。そんな人だったらとても敬愛できないでしょう。孤独な生活や、冬の寒さを、「淋しい、さみしい」とか、「寒さが腹にしみとおる」と正直に、なんども詠っています。それだけに春が来て子供たちと遊ぶのが心から楽しかったのです。

きわめて純粋な人であったことは、堕落した同僚の修行僧たちに対する、若い時の厳しい批判の詩からわかります。とほうもない寛容の人だと考えては、良寛さんの禅の心はわかりません。「ぐっと我慢して表面は笑顔で」では、自由な心とは言えませんね。いやなものと付き合うより、避けることで自由さを保ったのだと思います。失火したと無実の罪で殴られても、されるままにしました。「経もあげずに子供たちと遊んでばかりいて」と非難されても、「私はただこういう人間です」とつぶやくだけだったのです。いずれについても詩を残しています。

会って心地よい人達とだけ付き合い、好きなことだけをして自由気ままに過ごす。そのためには家庭や社会的地位、生きる糧を得るための社会的手段をすべて放棄したのです。新潟県北部の国上山にある五合庵に行くと、托鉢や、寒さ防ぎがどれほど大変だったかがよくわかります。長い厳冬期など、明日の米も心配しなければならなかったでしょう。それでも、社会と関わって生活の糧を得るより、自由を選んだのです。自分の心にあくまでも忠実でありたいと思ったのでしょう。良寛さんはそれをやって見せてくれた人なのです。**禅の心とは、なによりも自由な心**なのですね。

良寛さんの悟境は、あの道元以来だったと思います。それは残されたたくさんの歌や漢詩を読めばわかります。なるほど道元以降、一休禅師や沢庵和尚、白隠など有名な禅師たちはいました。しかし、みんな基本的な生活は保障されていた人たちなのです。組織を作り、組織に入ればそれなりに自由が奪われるでしょう。「三升の米と一束の薪さえあれば十分だ」と歌った良寛さんの心境とは比べモノにならないのです。

良寛さんの人となり

良寛さんの温かい人柄や悟境は、さまざまな歌を読めばわかります。とくにここでは良寛さんと親しく付き合った、越後の大庄屋解良栄重の『良寛禅師奇話』(良寛さんが亡くなった時栄重二十二歳。野島文庫の影印本をネットで見ることができます)に、

師、余ガ家ニ信宿日を重ヌ(良寛さんがわが家に数日滞在されると)。**上下自ラ和睦シ、和気家に充チ、帰去ルト云エドモ、数日ノ内、人自ラ和ス**師ト語ルコト一夕スレバ、胸襟清キコト覚ユ。師、内外ノ経文ヲ説キ、善ヲ勧ムニモアラズ(お経を読んだり、講話をされるわけではない)。或ハ厨下(かまど)ニツキテ火ヲ焼キ、或ハ正堂ニ座禅ス。其ノ話、詩文ニワタラズ、道義ニ及バズ、優遊トシテ名状スベキコトナシ。只道徳ノ人ヲ化スルノミ(傍線筆者)……

とあります。

良寛さんは僧として人を教え諭すことなどありませんでしたが、接する人達の心を和ませたのです。それどころか、二百年後の現代の人々の心を惹きつけて止まないのです。現代の私達が忙しさの中で忘れがちな、生きることの原点、温かい人間同士の付き合い、本当の豊かさなどを取り戻させるのです。将来にわたってしみじみと訴え続けるでしょう。道元の生き方も、良寛禅師の生き方も、何ら変わることはない禅の道なのです。

良寛さん批判？(1)

「良寛さんには、他人に『○○を下さい』と言った手紙が四十九通もある」と言って批判した人がいます（北川省一さんだったか？）。筆者は反論します。「もしあなたが何度も無心をしたら、了解してくれる人がいますか？」と。そうなのです。そういう無心をされた人たちは嬉しくてたまらなかったのです。何よりの証拠はそういう手紙が現代まで大切に保存されているのです。良寛さんの書が欲しかったのです。

こんなほほえましいエピソードも残っています。

……良寛さんが、寺泊町山田の某家の庭から白牡丹の花を一枝折って立ち去ろうとしました。それを見つけた主人はこの花盗人（はなぬすと）を捕まえて、良寛さんが、花を手に逃げ去ろうとする絵を描き、それにふさわしい歌を詠めばゆるしてやるといいました。そこで良寛さんがしぶしぶ描き、書いたものが次の歌です。

良寛が今朝のあさはな（白牡丹）もてにぐ（逃）る御姿　後の世にまで残るらん

この人も良寛さんの書いたものが欲しかったのです。あの有名な〈天上大風〉の書も、じつはある人が子供に頼んで〈凧の字〉として良寛さんに書かせたものです。子供好きな良寛さんが断るはずがありません。

あの北大路魯山人も良寛さんの書を臨書し、あの傲慢な魯山人でさえ「良寛様」と呼んでいたとか。

良寛さん批判？(2)

良寛さんを「女たらし」と言った人がいます（向田邦子さんだったか？　北川省一さんだったか（北川省一『良寛をめぐる女たち』懐古堂）。おそらく良寛さん晩年の、若き尼僧貞心尼との交流のことを言ったのでしょう。先年、筆者が新潟県の与板を通った時、偶然に良寛さんと貞心尼の歌のやり取りを書いた看板を見つけました（出会いは良寛さん七十歳と貞心尼三十歳）。ちなみに良寛さんとの歌のやり取りは貞心尼の『はちすの露』にまとめられています（貞心尼自筆の歌集は、現在も柏崎市立図書館保存。印影の一部はネットで見ることができます。そのため現代の私たちもそれを味わうことができるのです）。

良寛さんの問いかけ

いざなひ（誘い）てゆ（行）かばゆ（行）かめどひと（人）の見て
あやしめ見ればいかにしてまし
（私たち二人がいつも一緒に居るのを見て人はどう思うでしょう）
それに応（こた）えて貞心尼は
とび（鳶）はとび　すずめはすずめ　さぎ（鷺）はさぎ
からすとからすなにかあやしき
（他人は他人。どう思われようと気にしません）
と読んでいます。ちなみに良寛さんはいつも黒い袈裟姿でしたので、庄屋の召使で親しかった〈およしさ〉んが〈カラス〉と名付けたのです。

貞心尼が美貌であったことは、相馬御風（一八八八―一九五〇〈都の西北〉〈春よ来い〉の作詞者で新潟県糸魚川市出身。良寛さんと同郷ですね：筆者）が、貞心尼の弟子で当時も柏崎釈迦堂の庵主として生きていた七十七歳の高野智譲老尼に確かめています。智譲尼は、七歳から二十歳までの十四年年間、貞心尼と起居をともにしていました。そこには、

「わしらが庵主さんほど器量のえ（良）い尼さんは、わしは此の年になるまで見たことがありませんのう」こう云ってから老尼は更に心にその面影を想い浮かべでもするように静に眼をとじながら、「何でもそれは目の凛とした、中肉中背の、色の白い、品のえい方でした。わしの初めておそばに来たのは庵主さんの六十二の年の五月十四日のことでしたが、そんなお年頃でさえあんなに美しくお見えなさったのだもの、お若い時分はどんなにお綺麗だったやら……（相馬御風『良寛百考』有峰堂）

ちなみに貞心尼は長岡藩士の娘で、十二歳からお城に上がって奉公していた。その後漢方医と結婚しましたが二十四歳で離婚（子供ができなかったことが原因という）。

筆者などこれらの文章を読んで良寛さんと貞心尼とのほのぼのとした交流が目に浮か

びます。良寛さんは歌や漢詩を無造作に書き散らしていたそうです。それをていねいにまとめて『はちすの露』として残してくれた私たちの恩人です。貞心尼が美人でほんとによかったですね。

ブログの読者の中に「どうしても禅がよくわからない」と言った人がいました。筆者は「それなら良寛さんの生き方、人となりを学んで下さい。短歌や詩からもよくわかります」とお答えしました。

あとがき

筆者は本書で、

(1)**色即是空・空即是色**とは、よく言われているような「モノのある、なし」ではなく、正しい**モノゴトの観かた**であること。
(2)**五蘊**とは「人間」や「モノ」を指すのではなく、認識法であること。
(3)**〈空〉**（くう）とは、一瞬の体験であること。
(4)**悟り**とは〈本当の我〉を通じて神と一体化すること。
(5)座禅・瞑想はそのための手段であること。
(6)神に近づく修法も加えること。
(7)神に近づくには「神の心を生きること」。

などについてお話しました。

神様はいらっしゃいます

筆者は四十年以上、生命科学の研究者として生きて、長年生命に触れてきました。あるとき、私の研究グループが明らかにしたあるタンパク質の遺伝子構造を眺めていて、突然**「生命は神によって造られた」と直感しました。**その体験をブログ読者の滝川さんは**「デフォルト・モード・ネットワーク現象でしょう。デフォルト・モード、すなわち、何もしていない状態の時、人間には知性・能力・思考等を超えた気づきが起こる」**と言っています。つまり滝川さんは、筆者の「生命は神によって作られた」との直感を「それだ！　あなたが神の実在を直感できたことは、得難い体験です」とおっしゃっているのです。

また、四十三歳から十七年間、前後二つの神道系の教団に属して、いわゆる「霊能開発」修行をしてきました。別に筆者がそうしたかったわけではなく、それらの教団ではそうしていたからです。そこで数々の神（心）霊体験をしました。その結果、「目に見えない世界がある」ことを確信しています。

これら二つの体験を中心に、筆者が神の存在を信じる理由を本書でお話しました。

本書で、**禅を神と結びつけた**ことに違和感をもつ方もいらっしゃるでしょう。なによりも今の日本で「心から神の存在を信じる人」は少ないはずです。幼時からキリスト教などの信者の家庭に育ち、日曜日ごとに教会に行く人生を送ってきた人たちは、もちろん「神の存在を信じます」と言うでしょう。しかし、じつは旧統一教会やエホバの証人の会員とて同じなのです。あえて言えば「刷り込まれた」のだと思います。

神とは

「神（仏）様はいらっしゃいます」とお話していますと、よく「それならなぜ広島、長崎に原爆が落とされるのを黙って見ていたのか。大震災や台風被害が起こるのを防がないのか」と言う人がいます。それは違うのです。確かにウランやプルトニウム原子があることや、それらが核分裂を起こすのは神の御業です。しかし、それを原水爆として使うか使わないかを決めるのは人間なのです。神（仏）はただ見ていらっしゃるだけなのです。災害を受けた人間が苦しみを乗り越えていくのを見守っていらっしゃるのです。それが人間がこの世に生まれ、生きる目的なのですから。もし、マラソン選手がゴール直前でふらふらになっているのを少しでも助けしたら、その選手は失格になるのと同じです。

また、「毘盧遮那仏（びるしゃな）（大仏様ですね）は最高の悟りの象徴であって宇宙の主宰神などではない」と言う人もいます。確かにそういう考えもありますが、筆者は、華厳経で言う毘盧遮那仏や真言密教で言う大日如来は、明らかに宇宙の最高神を表わすと考えます（宇宙の真理を人々に照らし、悟りに導く存在とも）。と言うより、**あらゆる宗教の根底には神（仏）がある**と思うのです。キリスト教、イスラム教、ユダヤ教、ヒンズー教から、未開の国の土俗信仰にいたるまで。**それが宗教というものなのです。**仏教が例外であるはずがありません。

日本仏教は世界へ

兵庫県新温泉町安泰寺へは過去五十年間に諸外国から三千人もの人たちが訪れたとか。現代の西欧社会で暮らす人たちの深刻な心の闇が伺われます。ここまできた西欧型競争社会は行き詰っているのでしょう。それに応える重要なアンチテーゼを東洋思想はもっていたのです。鈴木大拙博士は禅を海外に紹介した初めての人です。現在日本の仏教界は、海外へも布教を進めています。曹洞宗はハワイ、北アメリカ、南アメリカ、ヨーロッパに国際布教総監部を設置し、海外全体で百三十を越える寺院や禅センターがあります。七百名以上の僧侶が各地で活動しているとか。臨済宗系の海外拠点も五十（曹洞宗・臨済宗双方の教えを合わせて紹介する拠点は百）あるとか（『西洋における禅の広がりの様相』藤井修平〈国際宗教研究所　宗教情報リサーチセンター二十周年記念誌・国外〉→デジタル版公開ページ　http://www.rirc.or.jp/20th/20th.html）。浄土真宗でもドイツ、スイス、イギリス、ベルギー、ポーランドの五カ国で伝道活動が展開されています（浄土真宗本願寺派国際センターＨＰから）。しかし、いまお話したように、わが国の仏教研究は混迷そのものに陥っています。理論武装（大学紛争時代の言葉ですね）

がアヤフヤのまま、海外進出してどうなるのでしょう。

筆者は、山川宗玄さんなどの何人かの臨済宗の師家、曹洞宗の西嶋和夫さんやその師・澤木興道さんの著書など、さまざま読みました。そしてほとんどの師家や仏教家は〈空〉を**縁起**と**無常**に結びつけて解釈していることを知りました。彼らは旧来の禅にドップリ浸かり、師から弟子へ同じ誤りが伝えられ、マンネリ化した法話をしているのでしょう。そのため、「これでは日本の禅宗は滅びる」と思っています。これに対し筆者は、禅と神（仏）を結び付けることが、そのブレイクスルーになると思うのです。

結語

本書で筆者は、これまでの日本の僧侶や学者が、かなりあいまいな理解で人々を導いてきたことを論証してきました。

結論として、このままでは日本の禅は滅びるのではないかと危惧しています。しかしこの不安な時代に、ますます禅に対する国内外の人々の期待が増しているのです。ではどうしたらよいか。それには人々が禅仏教を正しく学び、**独自の宗教を打ち立てる**しかありません。そのための思考材料と考え方を本書で示したつもりです。お役に立てれば幸いです。

【著書】

『禅を正しく、わかりやすく』（パレード出版２０１２）

『続・禅を正しく、わかりやすく』（同２０１３）

『禅を生活に生かす』（同２０１４）

【著者略歴】

１９４０年　愛知県碧海郡高岡村若林（現豊田市若林東町）で生まれる。

１９６６年　名古屋大学大学院農学研究科修士課程修了

２００３年　名古屋大学大学院生命農学研究科教授を退官

２０１５年～２０２４年　「中野禅塾」主宰

現在に至る。

禅の要諦「空(くう)」とは

2025年4月15日　第1刷発行

著　者　中野紀和男(なかのきわお)

発行者　太田宏司郎
発行所　株式会社パレード
　　大阪本社　〒530-0021　大阪府大阪市北区浮田1-1-8
　　　　　　　TEL 06-6485-0766　FAX 06-6485-0767
　　東京支社　〒151-0051　東京都渋谷区千駄ヶ谷2-10-7
　　　　　　　TEL 03-5413-3285　FAX 03-5413-3286
　　https://books.parade.co.jp
発売元　株式会社星雲社（共同出版社・流通責任出版社）
　　　　　　　〒112-0005　東京都文京区水道1-3-30
　　　　　　　TEL 03-3868-3275　FAX 03-3868-6588
装　幀　藤山めぐみ（PARADE Inc.）
印刷所　中央精版印刷株式会社

ISBN 978-4-434-35476-2　C0015